O MANIFESTO COMUNISTA
DE MARX E ENGELS

MANIFESTO

David Boyle

O MANIFESTO COMUNISTA DE MARX E ENGELS

TRADUÇÃO:
Débora Landsberg

ZAHAR

David Boyle agradece a ajuda que recebeu de Judith Hodge.

Publicado com autorização de The Ivy Press Limited. Traduzido da primeira edição em inglês, publicada em 2004.

Grafia atualizada segundo o Acordo Ortográfico da Língua Portuguesa de 1990, que entrou em vigor no Brasil em 2009.

Título original
The Communist Manifesto

Tradução do Manifesto do Partido Comunista
Regina Lúcia F. de Moraes (in H.J. Laski, *O Manifesto Comunista de Marx e Engels*, Zahar, 1982).

Capa
Sérgio Campante

CIP-Brasil. Catalogação na fonte
Sindicato Nacional dos Editores de Livros, RJ.

Boyle, David, 1958-
B785m O Manifesto Comunista de Marx e Engels / David Boyle; tradução de Débora Landsberg. — 1ª ed. — Rio de Janeiro: Zahar, 2006.

Tradução de: The Communist Manifesto
ISBN 978-85-7110-930-8

1. Marx, Karl, 1818-1883. O Manifesto Comunista. 2. Engels, Friedrich, 1820-1895. 3. Comunismo. 4. Socialismo. I. Marx, Karl, 1818-1883. O Manifesto Comunista. II. Título.

CDD: 335.422
06-2078 CDU: 330.138.15

EDITORA SCHWARCZ S.A.
Praça Floriano, 19, sala 3001 — Cinelândia
20031-050 — Rio de Janeiro — RJ
Telefone: (21) 3993-7510
www.companhiadasletras.com.br
www.blogdacompanhia.com.br
facebook.com/editorazahar
instagram.com/editorazahar
twitter.com/editorazahar

SUMÁRIO

MANIFESTO

O MANIFESTO COMUNISTA
INTRODUÇÃO

Mil oitocentos e quarenta e oito foi um daqueles anos tumultuados que entraram para as páginas da história. Representou um ano de revoluções na maioria das grandes capitais da Europa, com derrubada de dinastias, proclamação de comunas e a entusiasmada comemoração da igualdade humana do alto das barricadas. Os efeitos foram tão apocalípticos que ainda se faziam sentir mais de meio século depois, durante a deflagração da Primeira Guerra Mundial. Entre todos esses acontecimentos revolucionários de 1848, é provável que tenha sido a publicação do *Manifesto comunista* o que mais causou impacto duradouro na história — ainda que, ironicamente, tenha tido pouquíssima repercussão no ano em que foi publicado.

Friedrich Engels, rico industrial simpatizante do comunismo e provavelmente o único amigo que Marx conseguiu manter durante toda a vida. Seu bom senso, o tato e a capacidade de comunicação foram ingredientes cruciais na criação do *Manifesto*.

O comunismo já existia antes de 1848, como uma mistura incômoda de ideais utópicos, socialismo e igualitarismo — descrito no *Manifesto* como um "espectro" que rondava a Europa — , mas, até a publicação desse documento, ele não tinha forma, filosofia ou projeto coesos, nem era um movimento unificado. A publicação do *Manifesto* em Londres, em fevereiro daquele ano, mudou totalmente esse quadro.

Seus autores eram dois revolucionários alemães que passaram a maior parte da vida na Inglaterra, onde também

Karl Marx, obstinado, pobre e genioso com seus amigos ou colegas, mas brilhante em suas observações a respeito do mundo contemporâneo. Sua presença marcante no texto do *Manifesto* fez com que o movimento que a partir dele emergiu se ligasse a seu nome.

morreram. O filósofo político Karl Marx e o industrial Friedrich Engels já trabalhavam juntos havia quatro anos quando foram encarregados, pela Liga Comunista, de redigir o documento no final de 1847. Engels, o melhor comunicador da dupla, esboçou o primeiro rascunho e expressou-se, intencionalmente, numa linguagem que seria compreendida pela nascente força de trabalho industrial, que vivia em condições estarrecedoras nas novas cidades industriais europeias. Marx, que sempre teve problemas para cumprir prazos, conseguiu redigir o manuscrito final à base de conhaque e charutos em abundância. O processo inteiro durou apenas seis semanas, e, como se pode observar a partir do resumido capítulo final, Marx, como sempre, não conseguiu escrever tudo o que pretendia.

O *Manifesto comunista* ainda é a mais clara, facilmente compreendida, provocante e instigadora expressão da filosofia socialista escrita. Foi traduzido para quase todos os idiomas do mundo e concorre com a Bíblia e o Corão na lista dos best-sellers editoriais. A edição original foi praticamente ignorada em um mundo no qual o povo já se encontrava em revolta, porém, a longo prazo, o *Manifesto comunista* influenciou e inspirou revolucionários bem-sucedidos, como Lênin, Stálin, Mao Tsé-tung, Ho Chi Minh, Fidel Castro, Pol Pot e muitos outros. Durante boa parte do século XX, 40% da população mundial foi governada por pessoas que juravam fidelidade a suas doutrinas. No final do século, dezenas de milhões perderam a vida em operações de limpeza ordenadas diretamente por líderes que reivindicavam o rótulo de "marxistas".

O *Manifesto* é o tratado político mais erroneamente entendido e interpretado na história, ou senão o mais equivocado deles, dependendo das convicções políticas de cada um. Mas também é mais que apenas um manifesto: é o esboço de uma revolução na história, na filosofia, na sociologia e na política. Como tal, continua a ser um documento importante.

O MANIFESTO COMUNISTA

CONTEXTO E CRIADORES

Quando os autores do *Manifesto comunista*, Karl Marx e Friedrich Engels, nasceram, ainda se podiam sentir as consequências da primeira grande revolução na Europa. A Revolução Francesa de 1789 foi a primeira grande revolta social a desafiar a velha ordem europeia. Os pais de Marx e de Engels fizeram parte da primeira geração que cresceu consciente de que uma mudança radical, repentina e esmagadora era algo possível na sociedade.

Ondas de fumaça saídas das chaminés da região industrial inglesa conhecida como "área negra". O surgimento de um proletariado industrial e de novos pobres urbanos na geração anterior ao nascimento de Marx foi um fator crucial para a sua nova filosofia.

Antes de 1789, as grandes nações da Europa — inclusive a Alemanha, terra natal dos dois autores — haviam sido governadas por uma monarquia poderosa, apoiada pela nobreza privilegiada e pelo clero. Mas uma nova classe média — descrita como "burguesia" no *Manifesto* — emergia em todo o continente, principalmente na Inglaterra recém-industrializada, enquanto a classe operária se concentrava nas então recentes cidades industriais.

Tendo em mente a Revolução Francesa enquanto formulavam o documento, Marx e Engels desenvolveram a ideia de que, na França daquela época, a velha ordem testemunhava o aumento da pressão da burguesia e o poder do dinheiro, de modo que um dia se acabariam os privilégios aristocráticos e eclesiais. Na França anterior a 1789,

Esquerda: Protestos nas ruas de Paris durante a Revolução Francesa.

Direita: Gravura contemporânea à tomada da Bastilha, em 1789. O acontecimento fez com que Marx e Engels acreditassem ser possível uma mudança social revolucionária.

essa mesma burguesia sentia-se cada vez mais desnorteada, abatida, ao ver que o país submergia em débitos para manter a suntuosa corte da Versalhes de Luís XVI, os caprichos de sua esposa e as caríssimas guerras internacionais. Essa nova classe social proporcionou riqueza ao rei e à França, e agora buscava obter um nível de influência no governo que garantisse o melhor atendimento de seus interesses.

A burguesia foi acompanhada, em sua insurreição, por uma classe de trabalhadores conhecida como *sans-culottes* (literalmente, "sem culotes", porque usavam calças compridas, em vez dos elegantes culotes das classes mais abastadas). Esses artesãos, trabalhadores qualificados ou semiqualificados, tomaram as ruas de Paris para exigir pão e outras necessidades básicas. O primeiro uso de violência pelos camponeses e pela burguesia, em conjunto, com o objetivo de promover uma revolução, aconteceu quando se uniram para tomar de assalto a Bastilha, em 14 de julho de 1789. Qualquer aristocrata, funcionário público ou oficial do exército que os atrapalhasse era enforcado em postes de luz. Em seguida, destruíram quarenta mil castelos feudais e mosteiros por toda a França.

Segundo o *Manifesto*, a Revolução Francesa "aboliu a propriedade feudal substituindo-a pela propriedade burguesa". Essa não foi, como Marx e Engels deixaram claro, a revolução definitiva, que seria a do proletariado, mas já representou um grande passo.

Pelo fato de Marx e Engels terem crescido na Europa pós-revolucionária, suas convicções baseavam-se na

crença de que a mudança política só se daria por meio de uma revolução. Esta parecia inevitável, já que, segundo acreditavam Marx e Engels, as classes dominantes jamais abririam mão do poder de forma voluntária. Essa crença podia ser comparada a modos menos doutrinários de socialismo, que não acreditavam em revolução, mas na evolução pacífica para atingir metas similares.

As revoluções têm o costume de apelar para a violência, que corre o risco de acabar fora de controle. Como a Revolução Francesa obteve grande apoio popular, também se tornou mais intolerante, culminando no Terror, período de 1793-94. Durante esse intervalo sangrento, os tribunais revolucionários condenavam rapidamente os oponentes do regime a morrer na guilhotina, enquanto a revolução "se autodestruía". Algo entre trinta mil e cinquenta mil pessoas foram presas como "inimigas do Estado", e muitas delas morreram. Essa foi uma prévia da violência dos regimes marxistas totalitários na Rússia stalinista e na China maoísta.

O feudalismo foi aniquilado na França em uma noite — em 4 de agosto de 1789 —, e os membros da Assembleia Nacional Constituinte choraram ao abrir mão da isenção de impostos, tributos feudais e dízimos. A *Declaração dos direitos do homem e do cidadão* escrita por eles pretendia abolir o sistema de classes, apregoando que os homens poderiam ascender na escala social independentemente de seu passado. A *Declaração* incluía os princípios da liberdade de expressão, de imprensa e para aqueles que

Esquerda: A execução do rei Luís XVI, em 1793: a revolução saíra de controle e mergulhara no caos sangrento e na intolerância. A morte do rei selou o fim do feudalismo e da aristocracia franceses.

Direita: Gravura contemporânea de mulheres revolucionárias abrindo caminho com canhões até o palácio de Versalhes.

Um clube republicano francês, uma das fontes do debate que levou à Revolução de 1848.

haviam sido presos ou encarcerados ilegalmente — direitos que foram negados a Marx e a Engels, forçados a passar grande parte de suas vidas exilados por expressarem suas opiniões em seus escritos. Para os revolucionários das gerações posteriores, estes seriam ideais decisivos. Mas o *Manifesto* adotava uma abordagem diferente da usada na *Declaração* — uma autoproclamada abordagem "científica", que deveria transcender a mera moralidade e provar a inevitabilidade histórica da revolução proletária.

"Quando a França espirra, a Europa inteira se resfria", reclamou Metternich, ministro das Relações Exteriores da Áustria — um dos "bichos-papões" que, juntamente com o primeiro-ministro francês Guizot, assinou a ordem de deportação de Marx em 1845 e recebeu menção especial no começo do *Manifesto*. A revolução realmente era contagiosa, como Marx iria acreditar mais tarde. Em 1819, houve uma breve revolução liberal na Espanha, e em 1820 ocorreu outra na Itália. A revolução da Grécia, para se tornar independente da Turquia, em 1821, tornou-se uma causa amplamente celebrada, inspirando até a participação do poeta romântico inglês Lord Byron (que acabaria perdendo a vida na guerra). A Rússia sofreu uma revolta breve e confusa em 1825, quando as facções liberais e aristocráticas tentaram influir na sucessão ao trono. A França passou por outra revolução em julho de 1830, ano em que também irrompeu uma revolta na Holanda.

A velha Europa tremeu nas bases ao som dos brados de "liberdade, igualdade, fraternidade". Grande parte da resposta internacional a esses acontecimentos veio por meio da formação de coligações, como o Congresso de Viena, por exemplo. As discussões dos diplomatas em Viena começaram em setembro de 1814 e foram prorrogadas até junho do ano seguinte, chegando à elaboração de um novo mapa da Europa que pudesse conter os novos avanços revolucionários. Outra conferência, em 1820, desta vez na cidade austríaca de Troppau, preservou o direito de intervenção estrangeira nos assuntos internos de uma nação, com o intuito de assegurar o cumprimento da resolução do Congresso de Viena. No decorrer da juventude de Marx e Engels, forças conservadoras por toda a Europa tentaram deter a maré burguesa de nacionalismo e reforma constitucional. Homens como Metternich construíram complexas redes de informantes da polícia para se defenderem de revolucionários como Marx.

Evocação da *Declaração dos direitos do homem e do cidadão*, cujo objetivo era acabar com o sistema de classes na França.

O cenário estava armado para o dilúvio de 1848, e então — quase três gerações após a queda da Bastilha — o proletariado que fora chamado à luta pelo *Manifesto* havia se tornado visível demais nos imundos bairros miseráveis da Europa.

A ascensão da classe operária

Quando a notícia da queda de Napoleão em Waterloo chegou a Londres, em 1815, ela havia corrido o mundo na mesma velocidade que a notícia da conquista da Gália por Júlio César, no século I a.C. Entretanto, já na metade do século XIX, os trens a vapor andavam a cerca de um quilômetro e meio por minuto. O duque de Wellington, já idoso, ficou alarmado com a possibilidade de que as ferrovias estimulassem a classe operária — e os revolucionários, temidos por ele — a se movimentar com frequência. E estava certo: em 1848, um grupo de

Esquerda: Um minerador de carvão de Yorkshire: o novo proletariado.

Direita: Batalha de Waterloo, em 1815: um dos últimos acontecimentos críticos antes da construção de ferrovias na Europa, que facilitariam a circulação dos revolucionários e de suas ideias.

revolucionários belgas tentou voltar de trem de Paris para Bruxelas, mas teve o caminho desviado pelos engenheiros ferroviários e foi saudado pelo exército.

O silvo do vapor e o tilintar das engrenagens de ferro também anunciavam a chegada de outra espécie de sublevação. A Revolução Industrial provocou a mudança de milhões de europeus da zona rural para a cidade, onde iam trabalhar na manufatura de aço e na indústria têxtil. Choviam pessoas em cidades industriais como Manchester e Birmingham, na Inglaterra; Düsseldorf, na Alemanha; e Lyon, na França. Eram os novos pobres urbanos — Marx os identificou como "proletariado" pela primeira vez no *Manifesto.*

A população de Manchester, que no começo do século era de setenta mil almas, já havia dobrado no ano de 1831. Londres bateu recordes de crescimento demográfico: de novecentos e oitenta e oito mil em 1801 ao número impressionante de dois milhões e trezentos e sessenta e três mil em 1851. A noção de planejamento urbano era frequentemente soterrada pelo número de pessoas que chegavam, os serviços públicos, como o fornecimento de água e os sistemas de esgoto, eram precários, e acima de tudo isso pairava o ar poluído, jorrando das fábricas fumegantes.

Em nenhum outro lugar o impacto da Revolução Industrial sobre a vida das pessoas da nova classe baixa foi tão grande quanto na Inglaterra. Em companhia da namorada, Mary Burns, uma ruiva irlandesa que traba-

A ferrovia que ia de Liverpool a Manchester, na Inglaterra, em 1831, logo após sua inauguração. O duque de Wellington ficou alarmado com a possibilidade de que as ferrovias estimulassem a classe operária a movimentar-se com maior frequência.

lhava numa fábrica, Engels foi um dos poucos homens de sua classe a se aventurar pelos bairros miseráveis da cidade. Descreveu com detalhes visuais o que presenciou na Manchester de 1844 em *A condição da classe operária na Inglaterra*: "Massas de escória, vísceras de animais mortos e sujeira nauseante jazem entre poças de água parada por toda parte; a atmosfera ... carregada e enegrecida pela fumaça de uma dúzia de altas chaminés das fábricas. Uma horda de crianças e mulheres maltrapilhas apinha-se por aqui, tão imundas quanto um porco que cresceu entre pilhas de lixo e charcos." O livro teve enorme influência sobre a classe política, cada vez mais consciente do problema da pobreza urbana.

Surtos de cólera eram comuns, assim como a tuberculose, a nova doença urbano-industrial. Em alguns distritos, uma em cada três crianças morria antes de completar um ano de vida. O próprio Marx viu isso de perto: ele perdeu três filhos vítimas de doenças decorrentes da miséria. "Se ao menos houvesse algum meio pelo qual você e sua família pudessem se mudar para um distrito mais salubre e com acomodações mais espaçosas!", escreveu Engels numa carta de condolências pela morte da filha de Marx, Franziska.

Se esse era o lugar onde o proletariado vivia, seu local de trabalho não era melhor. A produção em massa acontecia num novo ambiente social: a fábrica. Milhares de trabalhadores entravam ao amanhecer e — após uma jornada de quatorze horas — saíam ao anoitecer, seis dias por semana. Um relatório do governo, de 1842, mostrava que, em Manchester, a idade média de mecânicos,

O ar sufocante em volta das oficinas metalúrgicas de Colebrookdale, no norte da Inglaterra, onde o ferro-gusa foi produzido pela primeira vez, em 1709. As fábricas, na metade do século XIX, eram locais violentos, exaustivos e terrivelmente insalubres.

operários e seus familiares era de apenas dezessete anos. Acidentes industriais tornavam-se a principal causa de mutilações e outros ferimentos. As crianças pequenas também trabalhavam na indústria, pois os pequenos corpos passavam com maior facilidade nas galerias das minas, e os dedos ligeiros mantinham o ritmo das máquinas de tecelagem.

Como o *Manifesto* viria a observar: "O trabalho proletário perdeu seu caráter individual ... O produtor tornou-se um apêndice da máquina." A alienação da humanidade no sistema industrial é um dos conceitos mais importantes desenvolvidos no documento, e sobreviveu, de forma quase inalterada, até o século XXI como uma das preocupações modernas.

A Revolução Francesa fora uma promessa de liberdade para os trabalhadores, mas a Revolução Industrial somente lhes proporcionara escravização. Porém, em ambas, segundo Marx e Engels, foi a burguesia quem se destacou. Em particular na Inglaterra industrial emergiu um novo gênero de "empresário". Este usava o "capital" que tinha para reunir recursos, equipamentos e operários necessários para produzir mais dinheiro. Mais que nunca a riqueza era sinônimo de poder. A filantropia ocasionalmente chegava às classes trabalhadoras, mas a atitude da época foi resumida por Cecil Rhodes — minerador de diamantes e ouro na África do Sul e que teve duas colônias africanas nomeadas em sua homenagem:

"Filantropia é bom, mas filantropia a cinco por cento é melhor ainda."

A "sociedade da usina a vapor" substituíra o senhor feudal pelo "capitalista industrial", e no âmago da questão havia uma contradição definida — ou pelo menos o *Manifesto* afirmava haver: o instrumento de produção de riquezas era, na verdade, a própria classe trabalhadora, o proletariado oprimido.

O *Manifesto comunista* reconhecia os feitos da burguesia: "criou maravilhas que superam de longe as pirâmides do Egito, os aquedutos romanos, as catedrais góticas." Marx e Engels reconheceram a importância da revolução promovida pela burguesia e previram uma insurreição que teria início na Alemanha, onde havia apenas um pequeno proletariado.

Os comunistas mais antigos, porém, acreditavam presenciar a angustiante morte do capitalismo. O *Manifesto* previu que, ao reunir trabalhadores isolados em usinas e fábricas, a indústria moderna criaria condições para que o proletariado se associasse e se tornasse uma força dominante. A burguesia estava produzindo "seus próprios coveiros", comentou Marx com satisfação no final da primeira parte: "Sua queda e a vitória do proletariado são igualmente inevitáveis."

Esquerda: Ao redor das fábricas crescia uma nova geração de bairros pobres apinhados de gente.

Direita: Bairros miseráveis com as casas em ruínas amontoadas em Newcastle, na Inglaterra, na década de 1880, seriam uma das razões da revolução de Marx.

A placa na fachada da casa de Marx no número 28 da Dean Street, no Soho londrino, onde a família morou durante os cinco primeiros anos na Inglaterra. A casa era permanentemente vigiada por uma comitiva de espiões prussianos.

Estado policial, cultura do exílio e primeiros comunistas

No começo do século XIX, as famílias reais europeias formavam um pequeno grupo bastante unido, e com frequência seus integrantes eram parentes entre si. A revolução estava no ar, e eles se mantinham firmes no trono com a ajuda de governos autoritários, pesada censura e redes de espiões. A atividade jornalística de Marx muitas vezes recebia atenção especial. Em 1842, ele se tornou editor da *Gazeta Renana* (*Rheinische Zeitung*), um jornal liberal cuja sede ficava em Colônia, mas o tom de seus artigos logo atraiu a atenção das autoridades. Um artigo contra a Rússia foi lido na corte do czar Nicolau I. Uma palavrinha com o rei prussiano, e o jornal foi fechado.

Isso se tornaria rotina na vida de Marx e de muitos outros radicais da época. Em 1848, o rei Leopoldo I da Bélgica assinou pessoalmente a sentença real que dava a Marx 24 horas para deixar o país — e não voltar nunca mais —, logo depois que este terminou de escrever o *Manifesto comunista*. No começo dos anos 1850, espiões da polícia prussiana praticamente montaram um acampamento permanente em frente ao número 28 da Dean Street, no Soho, o endereço da família de Marx durante os cinco anos que passaram em Londres.

Marx e Engels, junto com outros exilados políticos, moraram nos bairros em que se concentravam os radicais de Paris, Bruxelas, Colônia e Londres nas décadas de 1830 e 1840. Inspirados tanto pela Revolução de Julho de 1830, na França, quanto pela malograda rebelião polonesa de 1831, alguns grupos de conspiradores se reuniam para planejar novas revoltas armadas. Pretensos revolucionários eram presos por distribuir literatura proibida, e seus companheiros frequentemente arquitetavam tentativas ousadas para soltá-los da prisão. Marx e Engels conseguiram evitar a cadeia, muitas vezes fugindo do

país quando sabiam que a prisão era iminente. Marx de vez em quando tomava a precaução de adotar um pseudônimo para esquivar-se da polícia — "*Monsieur* Ramboz" era um de seus favoritos.

Políticos se reúnem numa sala de fundos em Trier. Os contemporâneos de Marx, sobretudo os de índole revolucionária, descobriram que eram constantemente observados, e arriscaram-se a ser presos ou exilados sem direito a apelação ou julgamento.

Na Alemanha, em particular, havia um vibrante movimento trabalhista, na maior parte das vezes organizado em sociedades secretas que tinham a pompa das antigas associações de ofício. As tentativas das autoridades europeias de resolver o problema da inquietude política deportando os líderes para outros países da Europa tiveram efeito oposto ao desejado. As ideias radicais se espalharam rapidamente, e os grupos de revolucionários exilados foram o resultado inevitável de uma era de repressão e reação. Mas nenhum desses grupos tinha um plano coerente ou um projeto unificado. O partidarismo era frequente, e qualquer manifestação localizada organizada por eles podia facilmente ser reprimida pelas autoridades, já que não atuavam em conjunto. Da mesma forma, nos locais onde era adotado, o comunismo não existia como estrutura coerente, e sim como um misto de utopia, igualitarismo francês e idealismo cristão.

A Liga dos Proscritos era um desses grupos. Foi uma das primeiras organizações comunistas desse tipo e era formada principalmente por alemães exilados. Fundada em 1834, em Paris, seus membros eram, em sua maioria, o que Engels chamava de "os elementos mais dorminhocos" das classes médias intelectuais. Foram deixados para trás quando a clandestina Liga dos Justos, com seus códigos e senhas, deles se separou, em 1836. Mais tarde ela se tornaria a Liga Comunista, organização responsável pelo *Manifesto*, embora naquela época não passasse de mais uma entre as várias sociedades secretas existentes.

Depois da confusa insurreição de Paris, em maio de 1839, alguns dos líderes da Liga dos Justos fugiram para Londres, cidade que tinha reputação de ser menos hostil aos agitadores políticos estrangeiros. Ali estabeleceram a aparentemente respeitável Associação Cultural dos Operários Alemães — na verdade a fachada para uma sociedade secreta encabeçada por três personagens: um corpulento compositor tipográfico chamado Karl Schapper, o espirituoso e diminuto sapateiro Heinrich Bauer e o relojoeiro Joseph Moll.

Marx conheceu o triunvirato ao visitar Londres em 1843. Foram os primeiros revolucionários da classe trabalhadora com quem teve contato, e causaram-lhe boa impressão. A ideologia deles era deveras imprecisa, mas construíram uma rede próspera de colaboradores na Suíça, Alemanha e França. Nos lugares em que as associações trabalhistas foram consideradas ilegais, suas "sedes" eram disfarçadas como sociedade orfeônica ou ginásios.

Em 1846, Marx e Engels criaram o Comitê Central Comunista, com sede em Bruxelas. O objetivo era conectar líderes socialistas de diferentes partes da Europa, mantendo contato com grupos similares em Londres e Paris, assim como na Alemanha e na Suíça. Marx logo emergiu como um "ditador democrático", porém muitos integrantes do comitê original, formado por dezoito pessoas, começaram a cair: o grupo funcionava como uma célula comunista do século XX, expulsando os suspeitos de desvio com relação à conduta oficial.

Um dos primeiros a ser expulso foi o alfaiate alemão Wilhelm Weitling, um dos mais conhecidos integrantes da Liga dos Justos. Foi dispensado por ser um "comunista lacrimoso", desprezado por seu "sentimentalismo tolo e insípido". Weitling foi expulso do comitê numa reunião em que Marx pulou de sua cadeira e esmurrou a mesa, gritando para ele: "Ignorância nunca ajudou ninguém!" A reunião foi suspensa diante do tumulto, e logo depois Weitling emigrou para os Estados Unidos.

Confronto entre polícia e manifestantes numa investida da assembleia feita pela Liga pela Reforma, no Hyde Park, Londres, 1866. A Inglaterra tinha o proletariado industrial mais desenvolvido, mas ele sempre deixava os marxistas frustrados pelo não desabrochar da profetizada revolução.

Sem Weitling para atrapalhar seu caminho, Engels foi despachado para organizar a Liga em Paris. Fez isso forçando um debate acerca dos prós e contras do comunismo, para decidir então se os artesãos parisienses eram verdadeiros comunistas ou apenas "a favor do bem da humanidade". Engels relatou a Bruxelas que a maioria o apoiava, ainda que tivesse sido necessário "um pouquinho de paciência e um tanto de terrorismo" de modo a influir decisivamente nos votos.

Londres era o último obstáculo. Marx se recusara a unir forças com Schapper, Bauer e Moll até que houvesse uma mudança na Liga Comunista. Eles finalmente sucumbiram e concordaram em substituir o antigo slogan "Todos os homens são irmãos" — desprezado por Marx, pois estava claro que a maioria das pessoas não pensava assim — por "Operários de todo o mundo, uni-vos!". A reunião inaugural da nova Liga Comunista aconteceu em junho de 1846, em Londres. Contou com a presença de Wilhelm Wolff, de Bruxelas, e de Engels, que viajou de Paris para o encontro. Marx não compareceu. Estava, como sempre, sem um tostão: simplesmente não pôde comprar a passagem.

Uma parceria improvável: Marx e Engels

Uma das colaborações mais famosas da história foi também uma das mais improváveis. Aparentemente,

Marx e Engels juntos, num pôster alemão de 1948, em comemoração ao centenário do *Manifesto*. Embora parecidos nesta imagem, na realidade os dois tinham personalidades totalmente opostas.

Marx e Engels eram o oposto um do outro, tanto na personalidade quanto no estilo de vida — e até mesmo fisicamente. Karl Marx (1818-83) era atarracado e moreno — o apelido dele era "Mouro" —, um intelectual judeu e burguês frequentemente atormentado pelo ódio a si mesmo. Já Friedrich Engels (1820-95) era um típico exemplo de virilidade ariana, alto e belo, de uma família rica envolvida com a indústria têxtil. Ambos usaram barba comprida em grande parte de suas vidas.

A dupla se conheceu em Paris, em agosto de 1844. Engels estava a caminho da Alemanha, depois de visitar a manufatura de algodão de sua família em Lancashire. Já haviam tido um rápido contato quando Engels visitara a redação da *Gazeta Renana* em Colônia, em 1842, mas haviam-no prevenido a respeito do jovem editor que "vociferava como se dez mil demônios o segurassem pelo cabelo". Em Paris, depois de tomar uns drinques no Café de la Régence e de muitos dias de conversas, Engels resumiu a relação: "Nossa total concordância em todos os campos teóricos tornou-se evidente, e desde então passamos a trabalhar juntos." Ele foi uma das raras pessoas com quem Marx sempre manteve relação amigável.

Marx e Engels se completavam com perfeição. Marx cursara a faculdade de direito na Universidade de Bonn e mais tarde estudara filosofia na respeitada Universidade de Berlim. Dedicou seu vigor intelectual ao estudo da economia, mas tinha parcos conhecimentos sobre o funcionamento do capitalismo. É aí que entra Engels. Este não possuía a erudição de Marx, não tendo frequentado uma universidade, mas sabia algumas coisas a respeito do que chamava de "comércio vil" graças a seu envolvimento com os negócios da família. Foi Engels quem mostrou a Marx a importância do local de nascimento do proletariado — a Inglaterra — quando ambos visitaram o país

A sala de leituras da Biblioteca Britânica em Bloomsbury, na época de Marx: essa era sua segunda casa em Londres. Ele admitiu que só podia se dedicar ao trabalho ali graças ao auxílio financeiro de Engels, senão teria de abrir um "comércio" para se sustentar.

pela primeira vez, em 1845, época em que a atenção de Marx ainda estava voltada para a Alemanha.

Engels começou a enviar dinheiro a Marx pouco depois de se conhecerem. Quarenta anos depois, Engels escreveu que não entendia "como alguém podia ter inveja da genialidade. ... Nós, que não a possuímos, sabemos desde o princípio que ela é inatingível; mas, para ter inveja de uma coisa assim, é preciso que a pessoa seja espantosamente mesquinha". Engels via como um dever histórico apoiar e subsidiar o amigo, que assim poderia se concentrar em escrever. Por mais de vinte anos, Engels mandou uma quantia regular de notas de baixo valor monetário, em geral surrupiadas da caixinha da empresa familiar Engels e Ermen. Como prevenção contra o extravio de correspondências, cortava as notas ao meio e postava-as em envelopes separados. Marx admitiu que, sem o benfeitor, teria sido obrigado a abrir um "comércio", em vez de passar os dias na sala de leitura da Biblioteca Britânica.

Os dois viviam de formas bem diferentes. Engels relutara em entrar para o mundo dos negócios, mas reconhecia as vantagens da segurança financeira e do tempo livre para se ocupar de seus outros interesses — nenhum deles político. Enquanto morava na Inglaterra, desfrutou os vários luxos do estilo de vida da alta burguesia, como vinhos finos e caçadas. Engels também levava a vida

Engels já idoso: ele era um homem solteiro e sem filhos; acomodou a amante e a irmã desta numa casa e participava de caçadas e degustações de vinhos. Nas horas vagas, escrevia livros sobre a revolução.

libertina de um homem solteiro e sem filhos, armando um *ménage à trois* com Mary Burns e a irmã dela numa casa enquanto recebia representantes da classe média de Manchester em outra.

Marx, em contrapartida, era um homem casado e com três filhos sobreviventes, que passara grande parte da vida na miséria, defendendo-se de credores e lutando para sustentar a família. Sua energia, assim como a de sua resignada esposa, com frequência era canalizada para penhorar e retirar bens da casa de penhores ou mandar cartas suplicantes para os parentes. A família Marx era incrivelmente incompetente ao lidar com dinheiro, preferindo usar qualquer quantia que caísse do céu em aulas de música ou bichos de estimação para as filhas em vez de pagar a conta do médico. O estado de penúria e caos em que o lar funcionava teve consequências sobre a saúde de toda a família: Marx sofreu quase a vida inteira de furúnculos e dores. Para ele, como disse a Engels, o único consolo consistia em que os furúnculos eram "uma doença do proletariado".

Ao contrário de Marx, Engels sabia organizar sua rotina. Conseguia ter um emprego em tempo integral e ainda redigir uma impressionante quantidade de livros, cartas e artigos com sua caligrafia elegante. A letra de Marx era tão incompreensível que apenas sua esposa, Jenny, e Engels conseguiam decifrá-la. Pelo menos metade dos quinhentos artigos publicados no *New York Tribune* com a assinatura "Karl Marx" era, na verdade, da autoria de Engels. Enquanto passava por cavalheiro inglês, Engels atuava como uma espécie de agente secreto atrás das linhas inimigas, fornecendo a Marx detalhes confidenciais sobre o comércio de algodão e tecendo observações de especialista acerca do estado dos mercados internacionais.

Aquela era uma frutífera parceria de trabalho e uma amizade bem-sucedida. A forte ligação entre os dois surpreende, levando-se em conta o histórico de Marx com outros amigos, que em sua maioria logo se tornaram inimigos e muitas vezes submeteram-se a penosos processos de difamação. A dupla frequentemente se comunicava por carta. A correspondência tinha como assunto desde questões filosóficas e políticas a críticas a outros camaradas, além de temas particulares — Marx dava alguns detalhes sangrentos sobre os furúnculos, e Engels se gabava de suas experiências sexuais. Não havia segredos entre os dois.

A única briga da qual se tem conhecimento envolve uma carta enviada a Engels a respeito da súbita morte de Mary Burns. Em vez de uma mensagem sincera de pêsames, Marx escreveu sobre seus problemas financeiros, terminando a carta assim: "Em vez de Mary, não poderia ter sido minha mãe, que é vítima fácil de moléstias físicas e que já sofreu bastante nessa vida?" Engels respondeu com frieza, e Marx viu-se obrigado a escrever o que viria a ser um quase pedido de desculpas por sua insensibilidade.

Karl Marx em um dos períodos mais lucrativos de sua vida. Atrás dele, a filha Jenny. Marx e a esposa (também chamada Jenny) usavam qualquer quantia extra para comprar roupas e artigos de luxo, em vez de pagar contas.

Quando Marx expirou, em 1883, foi Engels quem o encontrou morto, sentado em sua cadeira. Fez um elogio sentimental no enterro de Marx, no cemitério de Highgate, ao norte de Londres, três dias depois. "Assim como Darwin descobriu a teoria da evolução da natureza orgânica, Marx descobriu a teoria da evolução da história humana." Talvez. Mas ele não poderia ter feito isso sem seu melhor amigo.

Por que o *Manifesto* foi escrito

O *Manifesto do Partido Comunista* — para citar o nome completo — é o panfleto político mais lido da história, mas também deve ter o título mais enganoso de todos eles. Não havia esse partido em 1848. Os integrantes da Liga Comunista que incumbiram Marx e Engels do

A grande linha divisória entre capitalistas e proletariado na década de 1870: os capitalistas, à esquerda, estão bem descontraídos, enquanto os proletários empunham martelos, quase indistinguíveis em relação aos gigantescos dentes das engrenagens.

trabalho encomendaram uma "profissão de fé" — e receberam o *Manifesto*.

Um rascunho inicial, ou "Doutrina", escrito por Engels em junho de 1847, foi elaborado no estilo de perguntas e respostas, copiado do catecismo da Igreja Católica Romana. ("O que é comunismo? Resposta: Comunismo é a doutrina das condições para a emancipação do proletariado. O que é proletariado? Resposta: O proletariado é a classe social que sobrevive total e somente pela venda de seu trabalho..."). O formato de "sociedade secreta" pode até ter-se adequado à já dispersada Liga dos Justos, porém Marx e Engels queriam que a nova Liga Comunista fosse franca a respeito de suas opiniões e intenções. Era necessário um manifesto que refletisse sinceridade revolucionária.

Em outubro de 1847, Engels descobriu que o socialista Moses Hess havia preparado um rascunho para fazer frente ao dele, intitulado "Confissão de fé". Numa reunião da Liga em Paris, Engels destruiu o documento, que cheirava a "utopismo" e, pior ainda, mal mencionava o proletariado.

O segundo congresso da Liga Comunista, em novembro de 1847, teve como sede o andar acima do *pub* Red Lion, na Great Windmill Street, no Soho, bairro de Londres — historicamente, local de concentração de refugiados europeus. Um intenso debate se prolongou por dez dias, e no final Marx e Engels saíram vitoriosos.

O congresso de junho, ao qual Marx não compareceu, apresentou como objetivos da Liga "a emancipação da

A Londres industrial – que deu à luz o *Manifesto* – com seus bairros residenciais apinhados e suas chaminés e locomotivas expelindo fumaça, tal como retratada pelo artista francês Gustave Doré nos anos 1870.

humanidade" por meio da "propriedade comunitária e sua adoção na prática o mais rapidamente possível". Marx e Engels elevaram esse sentimento confuso a um novo conjunto de demandas. A Liga Comunista pedia então nada menos que "a destruição da burguesia, o domínio do proletariado, a abolição da antiga sociedade burguesa que tinha como sustentáculo o antagonismo entre as classes e a fundação de uma nova sociedade sem classes e sem propriedade privada". A ambição sofria rápida aceleração.

Os objetivos da nova Liga foram alterados de forma tão drástica por Marx e Engels que se requisitou o novo documento de resumo dessas metas com a máxima urgência. Engels, com sua habilidade de membro do comitê, certificou-se de que a tarefa fosse atribuída a Marx. Percebeu que, uma vez nas mãos de Marx, o documento se tornaria muito mais que um apelo de uma pequena organização com menos de mil filiados.

Um dos propósitos do documento era definir uma doutrina — o comunismo. A nova definição, embora enraizada em discussões amplas que vinham desde a Revolução Francesa, tinha a intenção de suplantar todas as outras. O *Manifesto* foi uma tentativa de unificar o caos de ideias em uma filosofia coerente. Mesmo apresentado como a doutrina de um partido político, insistia para que os comunistas não formassem "um partido à parte, oposto aos outros partidos operários": seus interesses eram meramente os dos trabalhadores.

Marx escreveu que, até ali, "os filósofos apenas têm interpretado o mundo de maneiras diferentes; a questão, porém, é transformá-lo". Era essa a sua razão para elaborar o *Manifesto comunista*. Ele troçava dos reformadores sociais "utópicos", para os quais a melhor forma de mudar a situação seria estabelecer idílicas comunidades de trabalhadores longe das chaminés fumarentas das fábricas. Para mudar a difícil situação dos trabalhadores, Marx acreditava ser necessário participar do processo histórico de luta entre as classes e combater os capitalistas em seu próprio terreno.

Para convencer os trabalhadores de que precisavam unir-se, foi necessário dar-lhes uma novíssima interpretação da história. O *Manifesto* inseriu as adversidades sofridas pelos trabalhadores na Inglaterra, França e Alemanha durante a Revolução Industrial em novo contexto. Na perspectiva de Marx, a história não é feita por grandes indivíduos ou pelas guerras entre nações. A história seria feita das lutas entre classes sociais. Em meados do século XIX as classes se dividiam entre os proprietários das fábricas e o proletariado, sendo que os segundos viam-se obrigados a vender sua força de trabalho para os primeiros. Quando os trabalhadores tivessem consciência disso, se juntariam para derrubar à força o sistema capitalista e tomar o poder. Só então seria possível uma sociedade pacífica e harmoniosa.

Havia uma urgência apocalíptica no *Manifesto*. Marx, Engels e os camaradas da Liga Comunista acreditavam que estava muito próximo o dia do ajuste de contas. Achavam que o capitalismo estava à beira da morte e que a classe trabalhadora precisava de um texto que lhe explicasse os motivos e caminhos — apesar de terem sido bastante vagos neste último quesito — para acabar com ele.

Furúnculos e dívidas: como o *Manifesto* foi escrito

Infelizmente para a revolução, o sentimento de urgência de Marx pareceu evaporar quando voltou para a Bélgica depois do segundo congresso da Liga Comunista. Nas semanas que se seguiram à reunião, ele fez tudo — escreveu artigos para outros jornais, deu palestras em associações trabalhistas, viajou para Ghent com o objetivo de estabelecer uma filial da Liga no local —, menos se ocupar de sua tarefa.

A grande obra de Marx – tão grandiosa que ficou conhecida pelo seu título original, em alemão – *Das Kapital*. Trata-se do estudo que consolidou teoricamente as ideias esboçadas no *Manifesto*.

Finalmente, frustrados por sua inércia, os líderes londrinos da Liga Comunista — Schapper, Bauer e Moll — despacharam um ultimato para Bruxelas, em 24 de janeiro de 1848. Declaravam que, caso o *Manifesto* não chegasse a Londres até o dia 1º de fevereiro, "medidas adicionais deveriam ser tomadas contra ele". Se o "Cidadão Marx" não conseguisse cumprir a tarefa, "o Comitê Central iria requerer a devolução imediata dos documentos colocados à sua disposição". Karl Marx chegou perto de ser dispensado do trabalho.

Que documentos eram esses? É provável que Marx tivesse diante de si um rascunho de Schapper e Moll, talvez tivesse o esboço rejeitado de Hess, e é quase certo que possuísse as anotações feitas por Engels. Há dúvidas de que haja feito mais que passar os olhos nos dois primeiros documentos. Nas cartas entre Marx e Engels, durante aquele período, fica claro que ambos decidiram não se ater às instruções dadas a Marx pelo comitê de Londres.

A advertência final parece ter incentivado Marx a colocar mãos à obra. Abastecido de café, conhaque e charutos, escreveu furiosamente, noites a fio, no escritório do número quarenta e dois da rue D'Orléans, em Bruxelas. O texto foi produzido dentro do prazo. Escrever doze mil palavras em seis semanas não era tarefa fácil para um homem que sofria com frequência de apatia ou era acometido de furúnculos quando corria contra o relógio para cumprir um prazo. Tratava-se, afinal, do autor que anos depois vaticinou que finalizaria o primeiro volume de *O capital* em algumas semanas — uma década antes de completar o livro de fato.

Engels sempre insistiu em dizer que as principais ideias do *Manifesto* tinham partido de Marx. Certamente a maior parte do crédito deveria ser dada a ele, tanto pela substância quanto pela composição, apesar de os dois nomes aparecerem na capa, ao menos em todas as versões modernas. Mas o dedo de Engels está por toda parte. A linguagem da versão final ainda dá a sensação do catequismo, do formato de perguntas e respostas do primeiro esboço de Engels. Tratava-se de conceitos abstratos expressos em uma linguagem clara para ser lido pelas massas — Engels era especialmente habilidoso nisso. Muitas das ideias presentes no *Manifesto* podem ser encontradas em *A ideologia alemã*, livro escrito por ambos em 1845-46 e para o qual não acharam editor.

Quando o *Manifesto* foi publicado, Marx tinha 29 anos e Engels, 27. Essa foi, portanto, uma obra de jovens. É ambiciosa, entusiástica e de amplo alcance, não mede palavras ao atirar contra os rivais da alma comunista — socialistas reformadores como Pierre Proudhon, na França, e Robert Owen, na Inglaterra. Foi também a declaração mais clara e popular de suas crenças que Marx conseguiu elaborar.

Marx dividiu o *Manifesto* em quatro partes. Ao compará-las, fica logo óbvio que ele tentava cumprir um prazo apertado. A primeira parte contém uma longa reinterpretação da história, enquanto as outras são mais breves e menos ponderadas, terminando com alguns parágrafos descuidados na parte final. Apesar de as últimas seções serem de interesse para os estudiosos do marxismo, é a primeira que torna os aspectos revolucionários do *Manifesto* — nos dois sentidos — evidentes de imediato.

Os dois autores apresentam sua teoria da história logo no começo, e deixam patente que o desenvolvimento histórico foi guiado pelo contínuo conflito entre os que têm o controle da produção e os que simplesmente trabalham. Há dois campos hostis, escreveram eles, e a burguesia e o proletariado encontravam-se polarizados como nunca havia acontecido antes na história. Marx e Engels dedicam então uma grande passagem ao elogio da burguesia por ter feito sua própria revolução contra as autoridades feudais. Quando tudo ficou reduzido à questão monetária, nem a aristocracia, nem a Igreja, nem a influência já antiga dos privilegiados podiam se voltar contra os burgueses.

Mas o momento de crise se aproximava com rapidez — explica o *Manifesto*. A classe média baixa (pequena burguesia) era prejudicada pelos monopólios capitalistas, os camponeses viam-se obrigados a deixar o campo, e todas as sutis complexidades da luta de classes eram assumidas pelo proletariado. Quando estivessem conscientes de si mesmos e de seu potencial, seria inevitável que os proletários tomassem o poder e dessem início à era comunista.

Não se tratava de um apelo sentimental ou ético pela mudança das condições de trabalho — no século XX marxistas ainda condenariam essas reformas por obscurecerem a subjacente luta entre classes. Era um chamado às armas e uma declaração simples acerca da inevitabilidade do resultado do embate. Como muitos historiadores e filósofos do século XIX, Marx e Engels acreditavam na iniludível evolução da história: só divergiam a respeito de qual seria o desfecho.

Na segunda parte do *Manifesto*, os autores argumentam que os comunistas não se opunham aos outros partidos da classe trabalhadora, mas eram voluntariamente internacionalistas e compreendiam o significado histórico

Folha de rosto da primeira edição do primeiro volume de *Das Kapital*, publicado em Hamburgo, em 1867.

do proletariado — o que os partidos rivais talvez não fizessem. Depois, ocupam-se das quatro objeções principais ao comunismo: as acusações de que os comunistas aboliriam as propriedades adquiridas de forma legítima, que introduziriam o amor livre, que a família seria extinta e que acabariam com as nações e as nacionalidades. Contestaram todas elas argumentando que, na verdade, essas situações eram uma decorrência do capitalismo. Depois, minaram suas grandes doses de ambição com um modesto e despretensioso programa de dez passos para "países mais avançados" — a única descrição de como poderia vir a ser o comunismo na prática.

A terceira parte do documento explica a posição do partido contra outros pretensos socialistas e a quarta parte simplesmente menciona quem eles apoiavam em cada país.

Em seu conjunto, o *Manifesto* é direto, emocionante, raivoso e revigorante. Também é completamente ambíguo quanto à natureza da revolução, à percepção do comunismo, aos métodos necessários antes e depois de sua instauração e ao que isso tudo poderia ser na prática: uma séria omissão cujos efeitos agora tornaram-se óbvios.

Até Marx devia saber que o comunismo na prática não lhe agradaria muito. Numa ocasião, uma amiga insinuou que não conseguia imaginar Marx vivendo satisfeito numa sociedade igualitária. "Nem eu", concordou ele. "Esse dia chegará, mas até lá já não estaremos por aqui."

MANIFESTO

O MANIFESTO COMUNISTA

O DOCUMENTO

Um espectro ronda a Europa — o espectro do comunismo. Todas as potências da velha Europa uniram-se numa Santa Aliança para exorcizá-lo: o papa e o czar, Metternich e Guizot, os radicais franceses e os espiões da polícia alemã.

Que partido de oposição não foi acusado de comunista por seus adversários no poder? Que partido de oposição também não lançou contra seus adversários progressistas ou reacionários o estigma do comunismo?

Daí decorrem dois fatos:

1. O comunismo já é considerado uma força por todas as potências da Europa.

2. Já é tempo de os comunistas publicarem abertamente, diante de todo o mundo, suas ideias, seus fins, suas tendências, opondo à lenda do comunismo um manifesto do próprio partido.

Para isso, comunistas de várias nacionalidades reuniram-se em Londres e redigiram o manifesto a seguir, a ser publicado em inglês, francês, alemão, italiano, flamengo e dinamarquês.

BURGUESES E PROLETÁRIOS[1]

A história de toda sociedade[2] existente até hoje tem sido a história das lutas de classes.

Homem livre e escravo, patrício e plebeu, senhor e servo, mestre de corporação[3] e companheiro, em uma palavra, opressor e oprimido, em constante oposição, têm vivido uma guerra ininterrupta, ora disfarçada, ora aberta, que terminou sempre pela reconstituição revolucionária de toda a sociedade ou pela destruição das classes em conflito.

Desde as épocas mais remotas da história, encontramos, em praticamente toda parte, uma complexa divisão da sociedade em classes diferentes, uma gradação múltipla das condições sociais. Na Roma Antiga, havia patrícios, guerreiros, plebeus, escravos; na Idade Média, senhores, vassalos, mestres, companheiros, aprendizes, servos; e, em quase todas essas classes, ainda outras camadas subordinadas.

A sociedade moderna burguesa, surgida das ruínas da sociedade feudal, não aboliu os antagonismos de classe. Apenas estabeleceu novas classes, novas condições de opressão, novas formas de luta, em lugar das velhas.

No entanto, a nossa época, a época da burguesia, possui uma característica: simplificou os antagonismos de classes. A sociedade global divide-se cada vez mais em dois campos hostis, em duas grandes classes que se defrontam — a burguesia e o proletariado.

Dos servos da Idade Média originaram-se os burgueses privilegiados das cidades antigas. Desses burgueses, surgiram os primeiros elementos da burguesia atual.

A descoberta da América e o contorno do Cabo abriram novo campo para a burguesia emergente. Os mercados da Índia Oriental e da China, a colonização da América, o comércio com as colônias, o aumento dos meios de troca e das mercadorias em geral deram ao comércio, à navegação e à indústria um impulso jamais conhecido antes e, consequentemente, ao elemento revolucionário da sociedade feudal instável, um rápido desenvolvimento.

O sistema feudal da indústria, no qual a produção industrial era monopolizada pelas guildas fechadas, já não atendia mais às crescentes necessidades dos novos mercados. O sistema manufatureiro tomou o seu lugar. Os mestres das guildas foram postos de lado pela classe média manufatureira; a divisão do trabalho entre as diferentes guildas corporativas desapareceu diante da divisão do trabalho em cada oficina.

Enquanto isso, os mercados continuaram sempre a crescer, a procura sempre a subir. Mesmo a manufatura não mais atendia ao necessário. Por conseguinte, o vapor e as máquinas revolucionaram a produção industrial. O lugar da manufatura foi ocupado pela gigantesca indústria moderna, o lugar da classe média industrial, pelos milionários industriais, os líderes de verdadeiros exércitos industriais, pela burguesia moderna.

A indústria moderna estabeleceu o mercado mundial, para o qual a descoberta da América preparou terreno. Esse mercado resultou num gigantesco desenvolvimento do comércio, da navegação e da comunicação por terra. Esse desenvolvimento, por sua vez, reagiu na mesma extensão que a indústria; e na proporção em que a indústria, o comércio, a navegação e as estradas de ferro se expandiam, a burguesia também se desenvolvia, aumentava seu capital e punha em plano secundário toda classe remanescente da Idade Média.

Vemos, portanto, como a própria burguesia moderna é produto de um longo percurso de desenvolvimento, de uma série de revoluções nos modos de produção e de troca.

Cada etapa do desenvolvimento da burguesia é acompanhada de um progresso político correspondente. Classe oprimida pela nobreza feudal, associação armada administrando-se a si própria na comuna;[4] aqui, república urbana independente (como na Itália e na Alemanha), ali, terceiro estado, tributário da monarquia (como na França). Depois, no período manufatureiro, servindo à monarquia semifeudal ou absoluta como contrapeso da nobreza, de fato pedra angular das grandes monarquias em geral — a burguesia, desde o estabelecimento da indústria moderna e do mercado mundial, conquistou finalmente a soberania política no Estado representativo moderno. O governo do Estado moderno é apenas um comitê para gerir os negócios comuns de toda a burguesia.

Historicamente, a burguesia desempenhou um papel revolucionário.

Onde quer que tenha assumido o poder, a burguesia pôs fim a todas as relações feudais, patriarcais e idílicas. Destruiu impiedosamente os vários laços feudais que ligavam o homem a seus "superiores naturais", deixando como única forma de relação entre os homens o laço do frio interesse, o insensível "pagamento à vista". Afogou os êxtases sagrados do fervor religioso, do en-

tusiasmo cavalheiresco e do sentimentalismo pequeno-burguês nas gélidas águas do cálculo egoísta. Fez da dignidade pessoal um simples valor de troca e, em nome das numerosas liberdades conquistadas, estabeleceu a implacável liberdade de comércio. Em suma, substituiu a exploração, encoberta pelas ilusões religiosas e políticas, pela exploração aberta, única, direta e brutal.

A burguesia despojou de sua aura todas as atividades até então consideradas honradas e vistas com respeito. Converteu o médico, o jurista, o padre, o poeta e o homem de ciência em trabalhadores assalariados.

A burguesia rasgou o véu sentimental da família, reduzindo as relações familiares a meras relações monetárias.

A burguesia revelou como a brutal manifestação de forças da Idade Média, tão admirada pela reação, tinha seu complemento natural na preguiça mais sórdida. Foi ela que, pela primeira vez, demonstrou o que pode realizar a atividade humana; criou maravilhas que superam de longe as pirâmides do Egito, os aquedutos romanos, as catedrais góticas, realizou expedições que deixaram na sombra as antigas invasões e as cruzadas.

A burguesia não pode existir sem revolucionar de modo permanente os meios de produção e, por conseguinte, as relações de produção — e, com elas, todas as relações sociais. Ao contrário, a conservação do antigo modo de produção constituía a primeira condição de existência de todas as classes industriais anteriores. A revolução contínua da produção, o abalo constante de todas as condições sociais, a eterna agitação e a incerteza distinguem a época burguesa de todas as precedentes. Suprimem-se todas as relações fixas, cristalizadas, com seu cortejo de preconceitos e ideias antigas e veneradas; todas as novas relações se tornam antiquadas, antes mesmo de se consolidar. Tudo que era sólido se desmancha no ar, tudo o que era sagrado é profanado, e, por fim, o homem é obrigado a encarar com serenidade suas verdadeiras condições de vida e suas relações com sua espécie.

A necessidade de um mercado em expansão ininterrupta leva a burguesia a invadir todo o globo. Ela precisa se estabelecer em toda parte, explorar em toda parte, criar vínculos em toda parte.

Por meio de sua exploração do mercado mundial, a burguesia conferiu um caráter cosmopolita à produção e ao consumo em todos os países. Para

Manifest

der

Kommunistischen Partei.

Veröffentlicht im Februar 1848.

London.

A primeira edição do *Manifesto*, publicada na Alemanha, em 1848. Na verdade, os editores tinham sede na Liverpool Street, em Londres, pois os espiões da polícia tornavam a publicação do livro na Alemanha um risco.

desespero dos reacionários, retirou da indústria sua base nacional. As velhas indústrias nacionais foram destruídas ou estão se destruindo diariamente. São suplantadas por novas indústrias, cuja introdução se torna uma questão de vida ou morte para todas as nações civilizadas, por indústrias que não empregam matérias-primas autóctones, mas matérias-primas vindas das regiões mais remotas; indústrias cujos produtos se consomem não somente no próprio país, mas em todas as partes do globo. Em lugar das antigas necessidades, satisfeitas pela produção nacional, há novas necessidades que exigem para sua satisfação os produtos das regiões mais longínquas e dos climas mais diversos. Em lugar do antigo isolamento local e da autossuficiência das nações, desenvolvem-se, em todas as direções, um intercâmbio e uma interdependência universais. E isso tanto na produção material quanto na intelectual. As criações intelectuais de uma nação tornam-se propriedade comum de todas. A estreiteza e o exclusivismo nacionais tornam-se cada vez mais impossíveis, e das numerosas literaturas nacionais e locais surge a literatura universal.

Com o rápido aprimoramento de todos os meios de produção, com as imensas facilidades dos meios de comunicação, a burguesia arrasta todas as nações, mesmo as mais bárbaras, para a civilização. Os baixos preços de suas mercadorias formam a artilharia pesada com que destrói todas as muralhas da China, com que obriga os bárbaros mais hostis aos estrangeiros a capitular. Força todas as nações, sob pena de extinção, a adotar o modo burguês de produção; força-as a adotar o que ela chama de civilização, isto é, a se tornar burguesas. Em uma palavra, cria um mundo à sua imagem.

A burguesia submeteu o campo à cidade. Criou cidades enormes, aumentou tremendamente a população urbana em relação à rural, arrancando assim contingentes consideráveis da população do embrutecimento da vida rural. Assim como subordinou o campo à cidade, os países bárbaros e semibárbaros aos civilizados, subordinou os povos camponeses aos povos burgueses, o Oriente ao Ocidente.

A burguesia suprime cada vez mais a dispersão da população, dos meios de produção e da propriedade. Aglomerou a população, centralizou os meios de produção e concentrou a propriedade em poucas mãos. A consequência necessária disso foi a centralização política. Províncias independentes, ligadas apenas por laços federativos, com interesses, leis, governos e tarifas diferentes, foram reunidas em uma só nação, com um só governo, um só código de leis, um só interesse nacional de classe, uma só barreira alfandegária.

A burguesia, durante seu domínio que dura apenas há um século, criou forças produtivas mais poderosas e colossais que todas as gerações em conjunto. A subordinação das forças da natureza ao homem, a maquinaria, a aplicação da química à indústria e à agricultura, a navegação a vapor, as vias férreas, os telégrafos elétricos, a exploração de continentes inteiros para fins de cultivo, a canalização de rios, populações inteiras brotadas da terra como por encanto — que século anterior poderia prever que essas forças produtivas estivessem adormecidas no seio do trabalho social?

Vemos então que os meios de produção e de troca sobre cuja base se ergue a burguesia eram originários da sociedade feudal. Numa dada etapa do desenvolvimento dos meios de produção e troca, as condições sob as quais a sociedade feudal produzia e trocava, a organização feudal da agricultura e da indústria manufatureira, em suma, as relações feudais da propriedade, mostraram-se incompatíveis com as forças produtivas em pleno desenvolvimento. Transformaram-se em outros tantos entraves a serem despedaçados — e foram despedaçados.

Em seu lugar implantou-se a livre concorrência, com uma constituição social e política própria, com a supremacia econômica e política da classe burguesa.

Ocorre ante nossos olhos um movimento semelhante. A moderna sociedade burguesa, com suas relações de produção, troca e propriedade, sociedade que deu surgimento a gigantescos meios de produção e troca, assemelha-se ao feiticeiro que perdeu o controle dos poderes infernais que pôs em movimento com suas palavras mágicas. Há mais de uma década a história da indústria e do comércio é simplesmente a história da revolta das forças produtivas modernas contra as condições modernas de produção, contra as relações de propriedade que condicionam a existência da burguesia e seu domínio. Basta lembrar as crises comerciais que, repetindo-se periodicamente, ameaçam cada vez mais a sociedade burguesa. Nessas crises destrói-se uma grande parte dos produtos existentes e das forças produtivas desenvolvidas. Irrompe uma epidemia que, em épocas precedentes, pareceria um absurdo — a epidemia da superprodução. Repentinamente, a sociedade vê-se de volta a um estado momentâneo de barbarismo; é como se a fome ou uma guerra universal de devastação houvesse suprimido todos os meios de subsistência; o comércio e a indústria parecem aniquilados. E por quê? Porque há demasiada civilização, demasiados meios de subsistência, demasiada indústria, demasiado comércio. As forças produtivas disponíveis já não mais favorecem as condições da propriedade burguesa; ao contrário, tornaram-se poderosas demais para essas condições que as entravam; e, quando superam esses entraves, desorganizam toda a sociedade, ameaçando a existência da propriedade burguesa. A sociedade burguesa é muito estreita para conter suas próprias riquezas. E como a burguesia vence essas crises? De um lado, pela destruição violenta de grande quantidade das forças produtivas; do outro, pela conquista de novos mercados e pela intensa exploração dos antigos. Portanto, prepara crises mais extensas e mais destrutivas, diminuindo os meios de evitá-las.

As armas com que a burguesia abateu o feudalismo voltam-se agora contra ela.

A burguesia, porém, não forjou apenas as armas que representam sua morte; produziu também os homens que manejarão essas armas — o operariado moderno —, os proletários.

À proporção que a burguesia, ou seja, o capital, se desenvolve, desenvolve-se também o proletariado, a classe dos trabalhadores modernos que só podem viver se encontrarem trabalho, e só encontram trabalho à medida que este aumenta o capital. Esses trabalhadores que são obrigados a vender-se diariamente representam uma mercadoria, um artigo de comércio, estão sujeitos, portanto, às vicissitudes da concorrência, às flutuações do mercado.

Graças ao uso intensivo da máquina e à divisão do trabalho, o trabalho proletário perdeu seu caráter individual e, por conseguinte, todo o seu atrativo. O produtor tornou-se um apêndice da máquina, que só requer dele a operação mais simples, mais monótona e mais fácil de aprender. Desse modo, o custo da produção de um operário se reduz quase completamente aos meios de subsistência de que ele necessita para viver e para perpetuar a raça. Mas o preço de uma mercadoria — e, portanto, o do trabalho — equivale ao seu custo de produção. Logo, à medida que aumenta o caráter enfadonho do trabalho, o salário diminui. Ainda mais, à medida que se desenvolvem o maquinismo e a divisão do trabalho, cresce a quantidade de trabalho, seja pela prolongação das horas de labor, seja pelo incremento do trabalho exigido em um certo tempo, seja pela aceleração do movimento das máquinas etc.

A indústria moderna transformou a pequena oficina do antigo mestre de corporação na grande fábrica do capitalista industrial. Massas de operários, aglomeradas nas fábricas, são organizadas como soldados. Como integrantes do exército industrial, os operários estão subordinados à perfeita hierarquia de oficiais e suboficiais. Não são escravos exclusivos da classe e do Estado burgueses, mas diariamente e a cada hora são escravos da máquina, do contramestre e, sobretudo, do próprio dono da fábrica. Esse despotismo é tanto mais mesquinho, mais odioso e mais exasperador quanto maior é a franqueza com que ele proclama ter seu objetivo e seu fim no lucro.

O trabalho dos homens é tanto mais suplantado pelo das mulheres quanto menores são a habilidade e a força exigidas pelo trabalho manual, ou, em outras palavras, quanto mais se desenvolve a indústria moderna. As diferenças de idade e de sexo não têm importância social para a classe operária. Todos são instrumentos de trabalho, cujo preço varia segundo a idade e o sexo.

Além de sofrer a exploração do fabricante e de receber seu salário em dinheiro, o trabalhador torna-se presa fácil de outra parcela da burguesia: do proprietário, do varejista, do usurário etc.

As camadas inferiores da classe média — os pequenos industriais, pequenos comerciantes e pessoas que possuem rendas, artesãos e camponeses — caem, pouco a pouco, no proletariado, em parte por seu capital diminuto, que não está à altura da indústria moderna, sucumbindo na concorrência, em parte porque sua habilidade profissional é desvalorizada pelos novos métodos de produção. Assim, o proletariado é recrutado em todas as classes da população.

O proletariado passa por diferentes estágios de desenvolvimento. A partir do momento em que nasce, começa a luta com a burguesia. No princípio a luta é conduzida por trabalhadores individuais; depois, pelos operários de uma mesma fábrica; a seguir, pelos operários de um mesmo ramo da indústria, numa dada localidade, contra o burguês que os explora diretamente. Eles atacam não os condicionamentos burgueses da produção, mas os próprios meios de produção; destroem as mercadorias estrangeiras que lhes fazem concorrência, quebram as máquinas, queimam as fábricas e procuram reconquistar a posição perdida do artesão da Idade Média.

Nessa fase, os trabalhadores constituem ainda uma massa incoerente disseminada por todo o país, dispersa pela concorrência mútua. Se às vezes se unem em massas compactas, isso ainda não é o resultado de uma união ativa, mas da união de burgueses que, para alcançar seus objetivos políticos, movimentam todo o proletariado, o que ainda podem fazer provisoriamente. Nessa fase, portanto, os proletários não combatem os seus inimigos, mas os inimigos de seus inimigos, os restos da monarquia absoluta, os proprietários territoriais, os burgueses não industriais, a pequena burguesia. Assim, todo o movimento histórico concentra-se nas mãos da burguesia; toda vitória obtida é uma vitória da burguesia.

Com o desenvolvimento industrial, no entanto, o proletariado não cresce apenas em número; concentra-se em massas cada vez maiores, se fortalece e toma consciência disso. Os vários interesses e as condições de existência dos proletários se igualam, à medida que a máquina aniquila todas as distinções de trabalho, reduzindo todos os salários a um único nível igualmente baixo. A concorrência crescente dos burgueses e as consequentes crises comerciais tornam os salários ainda mais instáveis. O aprimoramento contínuo e o rápido progresso das máquinas tornam a condição de vida do trabalhador cada vez mais precária; os conflitos individuais entre o trabalhador e o burguês assumem cada vez mais o caráter de conflitos entre duas classes. A partir daí os trabalhadores começam a formar grupos (sindicatos) contra os burgueses; atuam em conjunto na defesa dos salários; fundam associações permanentes que os preparam para esses choques eventuais. Aqui e ali a luta se transforma em motim.

Os trabalhadores triunfam ocasionalmente, mas por pouco tempo. O verdadeiro resultado de suas lutas não é o êxito imediato, mas a reunião cada vez mais ampla dos trabalhadores. Essa união é facilitada pelo desenvolvimento dos meios de comunicação criados pela indústria moderna, possibilitando que operários de localidades diferentes entrem em contato. Era esse contato que estava faltando para centralizar as várias lutas locais, todas de mesmo caráter, em uma luta de classes de âmbito nacional. E essa união, que os habitantes das cidades da Idade Média levavam séculos para alcançar, com seus caminhos miseráveis, os modernos proletários realizam em poucos anos, graças às estradas de ferro.

Essa organização dos proletários em classe e, portanto, em partido político é incessantemente abalada pela competição entre os próprios trabalhadores. Mas sempre se ergue mais forte, mais firme, mais poderosa. Aproveitando-se das divisões internas da própria burguesia, força o reconhecimento legal de certos interesses particulares dos trabalhadores, como a lei da jornada de dez horas de trabalho, na Inglaterra.

Em geral, os choques entre as classes da velha sociedade favorecem de diversas maneiras o desenvolvimento do proletariado. A burguesia vive em guerra perpétua: em primeiro lugar contra a aristocracia; depois, contra os setores da própria burguesia cujos interesses entraram em conflito com o progresso da indústria; em todas as épocas, contra a burguesia dos países estrangeiros. Nessas lutas vê-se obrigada a apelar para o proletariado, em busca de auxílio, arrastando-o para a arena política. A própria burguesia, portanto, fornece ao proletariado os elementos de sua politização — em outras palavras, arma-o contra ela própria.

Além disso, como vimos, graças ao progresso industrial, setores inteiros das classes dirigentes são lançados no proletariado, ou pelo menos têm ameaçadas suas condições de existência. Também eles fornecem ao proletariado elementos valiosos de esclarecimento e progresso.

Finalmente, no momento em que a luta de classes se aproxima da hora decisiva, o processo de dissolução da classe dominante e, de fato, de toda a velha sociedade, adquire um caráter tão violento que uma certa parte dessa classe se desliga de sua origem, juntando-se à classe revolucionária, aquela que tem o futuro em suas mãos. Portanto, assim como outrora uma parte da nobreza juntou-se à burguesia, hoje uma parte da burguesia passa para o lado do proletariado, principalmente o setor dos ideólogos burgueses que chegaram a compreender teoricamente o movimento histórico em geral.

De todas as classes que agora se defrontam com a burguesia, apenas o proletariado é uma classe realmente revolucionária. As outras decaem e por fim desaparecem com o desenvolvimento da indústria moderna, mas o proletariado é seu produto mais autêntico.

As classes médias inferiores, os pequenos industriais, os pequenos fabricantes, os artesãos, os camponeses, todos lutam contra a burguesia para garantir sua existência como parte da classe média. Portanto, não são revolucionários, mas conservadores e, mais ainda, reacionários, pois procuram fazer retroceder a roda da história. Se por acaso tornam-se revolucionários é em consequência de sua iminente passagem para o proletariado; não defendem, pois, os seus interesses atuais, mas os futuros, abandonando seu próprio ponto de vista pelo do proletariado.

A "classe perigosa", a escória da sociedade, esse produto passivo das camadas mais baixas da velha sociedade, pode às vezes ser arrastada ao movimento por uma revolução proletária; no entanto, suas próprias condições de existência a predispõem mais a vender-se à reação.

Nas condições de existência do proletariado já estão virtualmente destruídas as condições da antiga sociedade. O proletário não tem propriedade; suas relações com sua mulher e seus filhos não têm nada em comum com as da família burguesa; o trabalho industrial moderno e a sujeição ao capital, tanto na Inglaterra quanto na França, tanto nos Estados Unidos quanto na Alemanha, despojaram-no de todos os traços de caráter nacional. A lei, a moral e a religião são para ele preconceitos burgueses, atrás dos quais se ocultam outros tantos interesses burgueses.

Todas as classes que anteriormente conquistaram o poder procuraram fortalecer seu status subordinando a sociedade como um todo às suas condições de apropriação. Os proletários não podem se apoderar das forças produtivas sem os meios de apropriação que eram peculiares a essas forças produtivas, e, portanto, toda e qualquer forma de apropriação. Nada têm de seu a salvaguardar; sua missão é destruir todas as garantias e seguranças da propriedade individual.

Todos os movimentos históricos precedentes foram movimentos minoritários, ou em proveito de minorias. O movimento proletário é o movimento consciente e independente da imensa maioria em proveito da imensa maioria. O proletariado, a camada inferior da nossa sociedade, não pode se erguer, pôr-se de pé, sem fazer saltar todos os estratos superpostos que constituem a sociedade oficial.

No princípio, a luta do proletariado com a burguesia tem o caráter de uma luta nacional, não em sua essência, mas em sua forma. É claro que o proletariado de cada país deve primeiramente ajustar contas com sua própria burguesia.

Ao esboçar em linhas gerais as fases do desenvolvimento do proletariado, descrevemos a guerra civil mais ou menos oculta, existente na sociedade atual, até a hora em que essa guerra explode numa revolução aberta, e a derrubada violenta da burguesia estabelece a dominação do proletariado.

Até agora todas as sociedades se basearam, como vimos, no antagonismo entre classes opressoras e oprimidas. Contudo, para oprimir uma classe, é preciso lhe assegurar ao menos condições tais que lhe permitam levar uma existência de escravo. O servo, durante a servidão, conseguia tornar-se membro da comuna, assim como o pequeno-burguês, sob o jugo do absolutismo feudal, conseguiu elevar-se à categoria de burguês. O operário moderno, ao contrário, em vez de elevar sua posição com o progresso da indústria, desce cada vez mais abaixo das condições de existência de sua própria classe. Cai no pauperismo que cresce ainda mais rapidamente que a população e a riqueza. Torna-se então evidente que a burguesia é incapaz de continuar sendo a classe dominante da sociedade, impondo como lei suprema suas próprias condições de existência. Ela é incapaz de exercer seu domínio porque não pode mais assegurar a existência de seu escravo na escravidão, porque é obrigada a deixá-lo cair num estado tal que o deve nutrir, em lugar de se fazer nutrir por ele. A sociedade não pode mais existir sob o domínio da burguesia, em outras palavras, sua existência doravante é incompatível com a sociedade.

A condição essencial para a existência e o domínio da classe burguesa é a formação e o crescimento do capital; a condição de existência do capital é o trabalho assalariado. Este se baseia exclusivamente na concorrência entre os trabalhadores. O progresso da indústria, cujo agente involuntário é a própria burguesia, substitui o isolamento dos operários, resultante de sua competição, pela união revolucionária, resultante de sua associação. O desenvolvimento da indústria moderna, portanto, abala a própria base sobre a qual a burguesia assentou seu regime de produção e de apropriação. O que a burguesia produz são sobretudo seus próprios coveiros. Sua queda e a vitória do proletariado são igualmente inevitáveis.

PROLETÁRIOS E COMUNISTAS

Qual a posição dos comunistas em relação aos proletários em geral?

Os comunistas não formam um partido à parte, oposto aos outros partidos operários.

Não têm interesses diferentes daqueles do proletariado em geral.

Não formulam quaisquer princípios sectários a fim de modelar o movimento proletário.

Os únicos pontos que distinguem os comunistas dos outros partidos operários são os seguintes:

1. Nas lutas nacionais dos proletários dos diversos países, destacam e fazem prevalecer os interesses comuns a todo o proletariado, independentemente da nacionalidade.
2. Nos vários estágios de desenvolvimento da luta da classe operária contra a burguesia, representam, sempre e em toda parte, os interesses do movimento em geral.

De um lado, portanto, os comunistas constituem, praticamente, a fração mais audaz e avançada dos partidos operários de cada país, a fração que impulsiona as demais; de outro, do ponto de vista teórico, têm sobre a grande massa do proletariado a vantagem de possuir uma compreensão nítida de condições, rumos e objetivos gerais do movimento proletário.

O objetivo imediato dos comunistas é o mesmo que o de todos os outros partidos proletários: constituição dos proletários em classe, derrubada da supremacia burguesa, conquista do poder político pelo proletariado.

As conclusões teóricas dos comunistas não se baseiam, de forma alguma, em ideias ou princípios inventados ou descobertos por este ou aquele pretenso reformador do mundo.

São apenas a expressão geral das condições reais de uma luta de classes existente, de um movimento histórico que se desenvolve diante de nossos olhos. A abolição das relações de propriedade existentes não constitui uma característica particular do comunismo.

Todas as relações de propriedade no passado estiveram sujeitas a mudanças em decorrência das modificações nas condições históricas.

A Revolução Francesa, por exemplo, aboliu a propriedade feudal, substituindo-a pela propriedade burguesa.

A característica particular do comunismo não é a abolição da propriedade em geral, mas a abolição da propriedade burguesa. Mas a propriedade privada atual, a propriedade burguesa, é a expressão final do sistema de produção e apropriação baseado em antagonismos de classe, na exploração de muitos por poucos.

Nesse sentido, a teoria dos comunistas pode ser resumida nesta frase: abolição da propriedade privada.

Censuram-nos a nós, comunistas, por querer abolir o direito à propriedade pessoalmente adquirida como fruto do trabalho do indivíduo, propriedade considerada base de toda liberdade pessoal, de toda atividade e independência.

A propriedade pessoal, fruto do trabalho e do mérito! Isso se refere à propriedade do pequeno artesão e do camponês, à forma de propriedade que antecedeu a propriedade burguesa? Não há necessidade de aboli-la; o desenvolvimento da indústria já a destruiu em grande parte, e continua a destruí-la diariamente.

Ou isso significa propriedade privada atual, a propriedade burguesa?

Mas o trabalho assalariado cria propriedade para o trabalhador? De modo algum. Cria capital, ou seja, aquele tipo de propriedade que explora o trabalho assalariado e que só pode aumentar sob a condição de produzir novo trabalho assalariado, a fim de explorá-lo novamente. A propriedade, em sua forma atual, baseia-se no antagonismo entre o capital e o trabalho assalariado. Examinemos os dois termos desse antagonismo.

A edição alemã de 1850 do *Manifesto comunista*. O documento causou pouca repercussão no ano de sua publicação, mas logo depois já era traduzido para outras línguas.

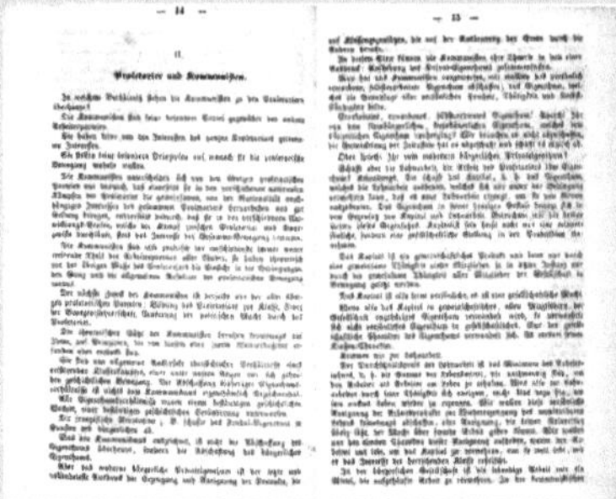

Ser capitalista significa ocupar não somente uma posição pessoal na produção, mas também uma posição social. O capital é um produto coletivo e só pode ser posto em movimento pelos esforços combinados de muitos membros da sociedade ou, em última instância, pelos esforços combinados de todos os seus integrantes.

O capital é, portanto, uma força social, e não pessoal.

Assim, quando se converte o capital em propriedade comum, em propriedade de todos os integrantes da sociedade, não é a propriedade pessoal que se transforma em social. Muda-se apenas o caráter social da propriedade, que perde sua vinculação de classe.

Passemos ao trabalho assalariado.

O preço médio do trabalho assalariado é o salário mínimo, ou seja, a soma dos meios de subsistência necessários para que o operário viva como operário. Portanto, o que o operário obtém com seu trabalho é apenas suficiente para conservar e reproduzir sua vida. De modo algum pretendemos abolir essa apropriação pessoal dos produtos do trabalho, indispensável à manutenção e reprodução da vida humana, pois essa apropriação não deixa nenhum lucro que confira poder sobre o trabalho alheio. O que queremos suprimir é o caráter miserável dessa apropriação, que faz com que o operário viva unicamente para aumentar o capital e de acordo com os interesses da classe dominante.

Na sociedade burguesa, o trabalho vivo é apenas um meio de aumentar o trabalho acumulado. Na sociedade comunista, o trabalho acumulado é apenas um meio de ampliar, enriquecer, promover a existência do trabalhador.

Por conseguinte, na sociedade burguesa, o passado domina o presente; na sociedade comunista, o presente domina o passado. Na sociedade burguesa, o capital é independente e tem individualidade, enquanto a pessoa é dependente e não tem individualidade.

E o burguês equipara a abolição de semelhante estado de coisas à abolição da individualidade e da liberdade! De fato, é a abolição da individualidade burguesa, da independência burguesa e da liberdade burguesa.

Nas atuais condições da produção burguesa, entende-se por liberdade a liberdade de comércio, a liberdade de comprar e vender.

Mas se o comércio desaparece, a liberdade de comprar e vender também desaparece. Essa fraseologia a respeito de liberdade de comércio, assim como todas as digressões de nossa burguesia sobre a liberdade em geral, só tem sentido quando se refere ao comércio tolhido e aos burgueses da Idade Média; não têm sentido algum quando se trata da abolição comunista do tráfico, das relações burguesas de produção e da própria burguesia.

Ficais horrorizados porque queremos abolir a propriedade privada. Mas, em nossa sociedade, a propriedade privada já foi abolida para nove décimos da população; se ela existe para alguns poucos é precisamente porque não existe para esses nove décimos. Acusai-nos, portanto, de procurar destruir uma forma de propriedade cuja condição de existência é a abolição de qualquer propriedade para a imensa maioria da sociedade.

Em suma, acusai-nos de abolir a vossa propriedade. Pois bem, é exatamente isso o que temos em mente.

Desde o momento em que o trabalho não pode mais ser convertido em capital, em dinheiro, em renda da terra, em um poder social capaz de ser monopolizado, isto é, à proporção que a propriedade individual não pode ser transformada em propriedade burguesa, em capital, dizeis que a individualidade está suprimida.

Deveis, pois, admitir que por "indivíduo" entendeis apenas o burguês, o proprietário burguês. Sem dúvida esse indivíduo deve ser suprimido.

O comunismo não priva ninguém do poder de se apropriar dos produtos da sociedade; o que faz é privá-lo do poder de subjugar o trabalho alheio com essa apropriação.

Alega-se que com a abolição da propriedade privada toda atividade cessaria, e uma inércia geral se apoderaria do mundo.

Caso isso fosse verdade, a sociedade burguesa teria há muito sucumbido à ociosidade, pois aqueles que nela trabalham nada lucram, e os que lucram não trabalham. Toda objeção se reduz a essa tautologia: não poderá haver trabalho assalariado quando não mais houver capital.

As objeções feitas contra o modo comunista de produção e apropriação dos produtos materiais também foram levantadas contra a produção e a apropriação das criações intelectuais. Assim como, para o burguês, o desaparecimento da propriedade de classe é o desaparecimento da produção propriamente dita, o desaparecimento da cultura de classe é o desaparecimento de toda cultura. Essa cultura, cuja perda ele tanto lamenta, é, para a imensa maioria, apenas um adestramento que a transforma em máquina.

Mas não discutais conosco enquanto aplicardes à abolição da propriedade burguesa as vossas noções burguesas de liberdade, cultura, direito etc. Vossas próprias ideias são apenas uma decorrência do regime burguês de produção e de propriedade, assim como vosso direito é apenas a vontade de vossa classe erigida em lei, vontade cujo conteúdo é determinado pelas condições de existência de vossa classe.

A falsa concepção interesseira, que vos leva a transformar em leis eternas da natureza e da razão as relações sociais oriundas da vossa forma atual de produção e propriedade — relações históricas que surgem e desaparecem no curso da produção —, é compartilhada com todas as classes dominantes que vos precederam. O que admitis claramente no caso da propriedade antiga, o que admitis claramente no caso da propriedade feudal, não podeis, é claro, admitir no caso de vossa forma burguesa de propriedade.

Abolição da família! Até os mais radicais ficam indignados ante essa proposta infame dos comunistas.

Quais são as bases da família atual, da família burguesa? O capital, o ganho individual. Em sua plenitude, a família só existe para a burguesia, mas encontra seu complemento na supressão forçada da família entre os proletários e na prostituição pública.

A família burguesa irá se desvanecer totalmente quando deixar de existir seu corolário — e ambos desaparecem com o desvanecimento do capital.

Acusai-nos de querer acabar com a exploração das crianças por seus próprios pais? Confessamos esse crime.

Mas, direis, destruímos a mais sublime das relações ao substituir a educação doméstica pela educação social.

E a vossa educação não é também social e determinada pelas condições sociais sob as quais vossos filhos são educados, pela intervenção direta ou indireta da sociedade, por meio de escolas etc.? Os comunistas não inventaram a intervenção da sociedade na educação; procuram apenas transformar o caráter dessa intervenção, arrancando-a à influência da classe dominante.

Os pomposos discursos burgueses sobre família e educação, sobre os vínculos sublimes entre pais e filhos, tornam-se cada vez mais repugnantes pela ação da indústria moderna: os laços familiares dos proletários são destruídos, e as crianças veem-se transformadas em meros artigos de comércio e instrumentos de trabalho.

"Mas vós, comunistas, quereis introduzir a comunidade de mulheres", grita toda a burguesia em coro.

O burguês encara sua mulher como um simples instrumento de produção. Ouve dizer que os instrumentos de produção serão explorados em comum e, naturalmente, chega à conclusão de que haverá também uma comunidade de mulheres.

Não suspeita que o objetivo real é arrancar a mulher de sua posição de instrumento de produção.

De resto, nada há de mais ridículo que a virtuosa indignação de nossos burgueses a respeito da comunidade de mulheres que julgam ser fundada pelos comunistas. Os comunistas não têm necessidade de introduzir a comunidade de mulheres; ela existe praticamente desde tempos imemoriais.

Nossos burgueses, não contentes em dispor das mulheres e filhas dos proletários, sem falar das prostitutas, têm o maior prazer em seduzir as esposas uns dos outros.

O casamento burguês é, de fato, uma comunidade de mulheres casadas e, portanto, o máximo que se poderia criticar nos comunistas é que pretendem substituir uma comunidade de mulheres hipócrita e disfarçada por outra, que seria franca e oficial. Quanto ao resto, é evidente que a abolição do atual sistema de produção causará o desaparecimento da comunidade de mulheres a ele inerente, ou seja, a prostituição pública e particular.

Além disso, os comunistas são acusados de querer abolir a pátria e a nacionalidade.

Os trabalhadores não têm pátria. Não podemos tomar deles aquilo que não possuem. Como o proletariado pretende adquirir a supremacia política, tornar-se a classe dirigente da nação, tornar-se ele mesmo a nação, é, assim, ele próprio nacional, embora não no sentido burguês da palavra.

As diferenças e os antagonismos nacionais entre os povos desaparecem dia a dia, graças ao desenvolvimento da burguesia, à liberdade de comércio, ao mercado mundial, à uniformidade no modo de produção e às condições de existência correspondentes.

A supremacia do proletariado fará com que desapareçam ainda mais rápido. A ação em comum, nos países civilizados, é uma das principais condições de emancipação do proletariado.

À medida que se suprime a exploração do homem pelo homem, suprime-se também a exploração de uma nação pela outra. A hostilidade entre as nações desaparecerá à proporção que desaparecer o antagonismo entre as classes no interior dessas nações.

As acusações feitas ao comunismo de um ponto de vista religioso, filosófico e, em geral, ideológico não merecem exame aprofundado.

Será preciso grande perspicácia para compreender que as ideias dos homens, suas noções e concepções, em uma palavra, que a consciência do homem se modifica com cada alteração nas condições de sua existência material, em suas relações sociais, em sua vida social?

O que demonstra a história das ideias senão que a produção intelectual se modifica à medida que se altera a produção material? As ideias dominantes de uma época são sempre as ideias da classe dominante.

Quando se fala de ideias que revolucionam a sociedade, isso quer dizer que, dentro da velha sociedade, surgem elementos de uma nova sociedade, e que a dissolução das antigas ideias acompanha a dissolução das antigas condições de vida.

Quando o mundo antigo entrou em declínio, as religiões antigas foram substituídas pelo cristianismo; quando, no século XVIII, as ideias cristãs cederam lugar ao racionalismo, a sociedade feudal travava sua batalha fatal com a burguesia, então revolucionária. As ideias de liberdade religiosa e liberdade de consciência foram apenas a expressão do império da livre concorrência no domínio do conhecimento.

"Sem dúvida", poder-se-ia dizer, "as concepções religiosas, morais, filosóficas e jurídicas modificaram-se ao longo do desenvolvimento histórico. Mas religião, moral, filosofia, ciência política e direito sempre se mantiveram firmes, sobrevivendo a essa mudança."

"Além disso, há verdades eternas, como a liberdade, a justiça etc., que são comuns a todos os regimes sociais. O comunismo, porém, abole as verdades eternas, abole a religião e a moral, em lugar de constituí-las sobre uma nova base, o que contradiz toda a experiência histórica anterior."

A que se reduz essa acusação? A história da sociedade consistiu no desenvolvimento de antagonismos de classes que assumiram formas diferentes nas diversas épocas.

Mas, fosse qual fosse a forma que esses antagonismos assumiram, um fato é comum a todas as épocas: a exploração de uma parte da sociedade por outra. Portanto, não é espantoso que a consciência social de todos os séculos, a despeito de sua multiplicidade e variedade, se tenha movido sempre dentro de certas formas comuns, ou ideias gerais, que só podem desaparecer com o desaparecimento dos antagonismos de classe.

A revolução comunista é a ruptura mais radical com as relações tradicionais; não surpreende, portanto, que seu desenvolvimento acarrete a ruptura mais radical com as ideias tradicionais.

Mas deixemos de lado as objeções burguesas ao comunismo.

Já vimos que o primeiro passo da revolução operária é alçar o proletariado à posição de classe dominante para vencer a batalha da democracia.

O proletariado lançará mão de sua supremacia para arrancar, pouco a pouco, todo o capital à burguesia, centralizando os instrumentos de produção nas mãos do Estado, ou seja, do proletariado organizado em classe dominante, e para aumentar o mais rápido possível o total das forças produtivas.

É claro que no princípio isso só poderá realizar-se por uma violação despótica dos direitos de propriedade e das relações burguesas de produção, isto é, por medidas que, do ponto de vista econômico, parecerão insuficientes e insustentáveis, mas que, no desenrolar do movimento, ultrapassarão a si mesmas, acarretarão novas modificações na antiga ordem social e se tornarão indispensáveis para transformar radicalmente o modo de produção.

É claro que tais medidas assumirão formas diferentes nos diversos países.

Nos países mais adiantados, no entanto, as seguintes disposições poderão ser postas em prática:

1. Abolição da propriedade territorial e emprego de toda a renda da terra segundo objetivos públicos.
2. Imposto fortemente progressivo e gradual.
3. Abolição de todo direito de herança.
4. Confisco da propriedade de todos os emigrantes e sediciosos.
5. Centralização do crédito nos bancos do Estado, com a formação de um banco nacional com capital público e monopólio exclusivo.
6. Centralização dos meios de comunicação e transporte nas mãos do Estado.
7. Multiplicação das fábricas e meios de produção de propriedade do Estado; cultivo das terras improdutivas e melhoramento do solo em geral, segundo um plano comunal.
8. Trabalho obrigatório para todos; estabelecimento de exércitos industriais, em especial para a agricultura.
9. Combinação da agricultura com as indústrias manufatureiras; abolição gradual da distinção entre cidade e campo, por meio de uma distribuição mais equitativa da população pelo país.
10. Educação gratuita para todas as crianças, em escolas públicas. Abolição do trabalho infantil nas fábricas, tal como é feito atualmente. Combinação de educação com produção industrial etc.

Quando, no curso do desenvolvimento, todas as distinções de classes desaparecerem e toda a produção se concentrar em uma ampla associação de toda a nação, o poder público perderá seu caráter político. O poder político propriamente dito é o poder organizado de uma classe para oprimir a outra. Quando, em sua luta contra a burguesia, forçado pelas circunstâncias, o proletariado é obrigado a organizar-se como classe; quando, por uma revolução, torna-se a classe dominante, destruindo violentamente as antigas relações de produção, ele destrói também as condições que geram os antagonismos de classes e as próprias classes em geral — e, assim, extingue sua própria dominação como classe.

Em lugar da antiga sociedade burguesa, com suas classes e antagonismos de classe, haverá uma associação na qual o livre desenvolvimento de cada um é a condição do livre desenvolvimento de todos.

LITERATURA SOCIALISTA E COMUNISTA

1. O socialismo reacionário

O socialismo feudal

De acordo com sua posição histórica, as aristocracias da França e da Inglaterra desenvolveram uma vocação para escrever libelos contra a moderna sociedade burguesa. Na Revolução de Julho de 1830, na França, e no movimento reformador inglês, essas aristocracias sucumbiram mais uma vez diante da odiosa arrivista. A partir daí, estava fora de questão uma luta política séria. Só era possível uma contenda literária. Mesmo no domínio da literatura, contudo, as antigas exigências do período de restauração[5] tornaram-se impossíveis.

Para criar simpatias, a aristocracia viu-se obrigada a deixar de lado, aparentemente, os seus próprios interesses e a formular uma acusação contra a burguesia, insinuando defender apenas os interesses da classe trabalhadora. Assim, a aristocracia vingou-se cantando sátiras sobre os novos senhores, murmurando-lhes aos ouvidos profecias sinistras sobre a catástrofe inevitável.

Dessa maneira, surgiu o socialismo feudal: metade lamentações, metade libelos, ecos do passado e ameaças sobre o futuro, às vezes ferindo a burguesia no coração com sua crítica amarga, mordaz e espirituosa, porém obtendo sempre um efeito cômico, pela impotência absoluta de compreender a marcha da história moderna.

Para atrair o povo, a aristocracia hasteou, à guisa de bandeira, a sacola do mendigo. Mas, assim que acorreu, o povo percebeu que suas costas estavam ornadas com os velhos brasões feudais e dispersou-se às gargalhadas.

Uma fração dos legitimistas franceses e a "Jovem Inglaterra" deram um espetáculo desse tipo.

Ao afirmar que seu modo de exploração diferia daquele próprio da burguesia, os campeões do feudalismo esqueceram que eles exploravam em condições e circunstâncias bem diferentes, e hoje em dia antiquadas. Ao ressaltar que sob seu domínio não existia o proletariado, esquecem que a moderna burguesia é um fruto necessário de seu regime social.

Além disso, disfarçam tão mal o caráter reacionário de sua crítica que a principal acusação que fazem contra a burguesia consiste em que, sob o regime burguês, se desenvolve uma classe que fará ir pelos ares toda a antiga ordem social.

O que mais reprovam à burguesia não é o fato de ter criado um proletariado, mas de ter criado um proletariado *revolucionário.*

Portanto, na prática política, colaboram com todas as medidas repressivas contra a classe trabalhadora; e, na vida diária, a despeito de sua pomposa fraseologia, conformam-se em colher os frutos de ouro da árvore da indústria e trocar a verdade, o amor e a honra pelo comércio de lã, de açúcar de beterraba e de aguardente.[6]

Assim como o pároco sempre caminhou de mãos dadas com o senhor feudal, o socialismo clerical caminha lado a lado com o socialismo feudal.

Não há nada mais fácil que dar um verniz socialista ao ascetismo cristão. O cristianismo não se manifestou contra a propriedade privada, contra o matrimônio e o Estado? Em lugar deles, não pregou a caridade e a pobreza, o celibato e a mortificação da carne, a vida monástica e a Igreja? O socialismo cristão é a água benta com que o padre consagra o despeito da aristocracia.

O socialismo pequeno-burguês

A aristocracia feudal não foi a única classe que a burguesia arruinou, a única cujas condições de existência se enfraquecem e perecem na sociedade burguesa. Os pequeno-burgueses e os pequenos camponeses da Idade Média foram os precursores da burguesia moderna. Nos países de baixo nível de desenvolvimento industrial e comercial essas classes ainda vegetam lado a lado com a burguesia em ascensão.

Nos países em que a civilização moderna se desenvolveu completamente, formou-se uma classe de pequeno-burgueses que oscila entre o proletariado e a burguesia, renovando-se sempre como fração suplementar da burguesia. Os membros desta classe, no entanto, se veem constantemente precipitados no proletariado pela competição, e, à medida que a indústria moderna se desenvolve, veem-se na iminência de desaparecer como setor independente da sociedade moderna, sendo substituídos, na manufatura, na agricultura e no comércio, por supervisores, capatazes e empregados.

Nos países como a França, onde os camponeses constituem mais da metade da população, era natural que os escritores que apoiavam o proletariado contra a burguesia usassem, em sua crítica à sociedade burguesa, os camponeses e pequeno-burgueses, defendendo a classe operária segundo esse ponto de vista. Assim surgiu o socialismo pequeno-burguês. Sismondi é o chefe dessa escola, não somente na França, mas também na Inglaterra.

Esse socialismo analisou objetivamente as contradições das relações modernas de produção. Pôs a nu as apologias hipócritas dos economistas. Mostrou, sem dúvida, os efeitos desastrosos da máquina e da divisão do trabalho; a concentração do capital e da terra nas mãos de alguns poucos; a superprodução e as crises; ressaltou a ruína inevitável do pequeno-burguês e do camponês, a miséria do proletariado, a anarquia na produção, a acintosa desproporção na distribuição das riquezas, a guerra industrial de extermínio entre as nações, a dissolução dos antigos costumes, das antigas relações familiares, das antigas nacionalidades.

Entretanto, a finalidade real dessa forma de socialismo é restabelecer os antigos meios de produção e troca e, com eles, as antigas relações de propriedade e a antiga sociedade; ou tentar fazer com que os meios modernos de produção e troca entrem à força no quadro das antigas relações de propriedade que foram, necessariamente, destruídas por eles. Em qualquer dos dois casos, é reacionário e utópico.

Suas últimas palavras são guildas corporativas para a manufatura; relações patriarcais na agricultura.

Por fim, quando os obstinados fatos históricos fizeram passar completamente o efeito de embriaguez, essa forma de socialismo caiu numa verdadeira prostração de espírito.

O socialismo alemão ou o "verdadeiro" socialismo

A literatura socialista e comunista da França, nascida sob a pressão da burguesia no poder, expressão da luta contra esse poder, foi introduzida na Alemanha numa época em que a burguesia apenas começara sua luta contra o absolutismo feudal.

Os filósofos alemães, semifilósofos e homens de letras lançaram-se avidamente sobre essa literatura, esquecendo apenas o fato de que as condições sociais da França não emigraram para a Alemanha com a importação da literatura francesa. Nas condições sociais alemãs, tal literatura perdeu sua importância prática, assumindo um aspecto puramente literário. Portanto, para os filósofos alemães do século XVIII, as reivindicações da Revolução Francesa não eram mais que as reivindicações da "razão prática" em geral, e a manifestação da vontade da burguesia revolucionária francesa expressava, a seus olhos, as leis da pura vontade da burguesia revolucionária francesa, da vontade tal como deve ser, da verdade humana em geral.

O trabalho dos *litterati* alemães consistiu unicamente em conciliar as ideias francesas com sua velha consciência filosófica, ou melhor, em incorporar as ideias francesas sem abandonar seu próprio ponto de vista filosófico.

Incorporaram-nas da mesma maneira como se assimila uma língua estrangeira, isto é, pela tradução.

Sabe-se que os monges recobriam os manuscritos das obras clássicas da Antiguidade pagã com lendas absurdas sobre santos católicos. Os *litterati* alemães agiram em sentido inverso a respeito da literatura francesa profana. Escreveram suas insanidades filosóficas sob o original francês. Por exemplo, sob a crítica francesa às funções econômicas do dinheiro escreveram "alienação humana", e sob a crítica francesa ao Estado burguês escreveram "eliminação do poder da categoria do universal", e assim por diante.

A essa introdução da fraseologia filosófica nas críticas históricas francesas deram o nome de "filosofia da ação", "verdadeiro socialismo", "ciência alemã do socialismo", "fundamentos filosóficos do socialismo" etc.

Assim, enfraqueceram completamente a literatura socialista e comunista francesa. E, como nas mãos dos alemães ela deixou de ser a expressão da luta de uma classe com outra, eles se felicitaram por terem superado a "estreiteza francesa" e por representarem não verdadeiras necessidades, mas as necessidades da verdade; não os interesses do proletariado, mas os interesses da natureza humana, do homem em geral, que nada tem de real e existe apenas no céu brumoso da fantasia filosófica.

Esse socialismo alemão, que levava tão a sério as suas tarefas escolares e que as apregoava tão charlatanescamente, começou pouco a pouco a perder sua inocência pretensiosa.

A luta da burguesia alemã, e principalmente da prussiana, contra a aristocracia feudal e a monarquia absoluta — ou, em outras palavras, o movimento liberal — tornou-se mais enérgica.

Desse modo, apresentou-se ao "verdadeiro" socialismo a tão esperada oportunidade de confrontar o movimento político com as reivindicações socialistas, de lançar os anátemas tradicionais contra o liberalismo, contra o governo representativo, a concorrência burguesa, a liberdade burguesa de imprensa, a legislação burguesa, a igualdade e a liberdade burguesas; pôde pregar às massas que nada tinham a ganhar, mas muito a perder, com esse movimento burguês. O socialismo alemão esqueceu, muito a propósito, que a crítica francesa, da qual era um mero eco, pressupunha a existência da moderna sociedade burguesa, com suas correspondentes condições econômicas de existência e a sua constituição política própria, precisamente aquilo que era ainda o objetivo da luta na Alemanha.

Para os governos absolutos, com seu séquito de padres, professores, fidalgos rurais e burocratas, esse socialismo converteu-se em espantalho para a burguesia ameaçadora.

Servia de fecho de ouro aos tiros e às chicotadas com que esses mesmos governos respondiam aos levantes da classe operária alemã.

Ao mesmo tempo que o "verdadeiro" socialismo foi, para os governos, uma arma contra a burguesia alemã, representou também um interesse reacionário, o interesse dos filisteus alemães. Na Alemanha, a classe pequeno-burguesa, legada pelo século XVI e desde então renascendo sem cessar sob formas diversas, é a verdadeira base social do estado de coisas vigente.

Preservar essa classe é preservar o estado de coisas existente na Alemanha. A supremacia industrial e política da burguesia ameaça a pequena burguesia de destruição – de um lado, pela concentração de capital; do outro, por um levante do proletariado revolucionário. O "verdadeiro" socialismo aparecia como uma arma capaz de liquidar os dois perigos de uma só vez. Propagou-se como uma epidemia.

A roupagem tecida com os fios imateriais da especulação, bordada com as flores da retórica e banhada de orvalho sentimental, essa roupagem na qual os socialistas alemães envolveram as suas lamentáveis e decadentes "verdades eternas" aumentou maravilhosamente a venda de sua mercadoria entre tal público. Por sua vez, o socialismo alemão aceitou cada vez mais a sua vocação de representante grandiloquente da filisteia pequeno-burguesa.

Proclamou que a nação alemã era a nação-modelo, e que o pequeno-burguês alemão era o homem típico. A todas as mesquinharias desse homem-modelo atribuiu um sentido oculto, elevado, socialista, exatamente o contrário do seu caráter real. Chegou ao extremo de opor-se à tendência "brutalmente destruidora" do comunismo, proclamando o seu desprezo imparcial às lutas de classes. Com muito poucas exceções, todas as pretensas publicações socialistas e comunistas que circulam agora (1847) na Alemanha pertencem ao domínio dessa literatura imunda e enervante.[7]

2. O socialismo conservador ou burguês

Uma parte da burguesia deseja remediar os males sociais para assegurar a continuidade da sociedade burguesa.

A esse setor pertencem economistas, filantropos, humanitários, os que procuram melhorar as condições da classe operária, os que promovem a caridade, os integrantes de sociedades protetoras de animais, os fanáticos das sociedades de temperança, enfim, os reformadores de gabinete de toda categoria. Essa escola socialista, além disso, organizou-se em sistemas completos.

Como exemplo, podemos citar *A filosofia da miséria*, de Proudhon.

Os socialistas burgueses querem todas as vantagens das condições sociais modernas sem suas lutas e perigos. Querem o estado atual da sociedade sem os elementos que a revolucionam e destroem. Desejam a burguesia sem o proletariado. Naturalmente, a burguesia concebe o mundo em que domina como o melhor dos mundos possível; o socialismo burguês desenvolve essa concepção consoladora em vários sistemas mais ou menos completos. Quando convida o proletariado a empreender tal sistema e dirigir-se completamente a uma nova Jerusalém social, de fato o convida a permanecer na sociedade atual, eliminando, porém, seu ódio contra a burguesia.

Uma segunda forma, mais prática e menos sistemática, desse tipo de socialismo procurou depreciar perante a classe trabalhadora todo movimento revolucionário, declarando que não será uma simples reforma política, mas a mudança nas condições materiais de existência, nas relações econômicas, que lhe será proveitosa. Por mudanças nas condições materiais de existência, no entanto, essa escola socialista não tem em mente a abolição das relações burguesas de produção, que só pode ser realizada pela revolução, mas reformas administrativas, fundamentadas na existência dessas relações; tais reformas, portanto, não afetam as relações entre o capital e o trabalho, mas, na melhor das hipóteses, diminuem os custos da burguesia e simplificam o trabalho administrativo do Estado.

O socialismo burguês só atinge uma expressão adequada quando se torna uma simples figura retórica.

Livre comércio: no interesse da classe trabalhadora. Tarifas protecionistas: no interesse da classe trabalhadora. Reforma penitenciária: no interesse da classe trabalhadora. Eis sua última palavra, a única pronunciada seriamente pelo socialismo burguês. Reduz-se à seguinte frase: os burgueses são burgueses – no interesse da classe trabalhadora.

3. O socialismo e o comunismo crítico-utópicos

Não iremos tratar aqui da literatura que, em toda grande revolução moderna, foi porta-voz das reivindicações do proletariado, como as obras de Babeuf e outros.

As primeiras tentativas do proletariado para alcançar seus objetivos — realizadas em épocas de efervescência geral, no período de destruição da sociedade feudal — falharam por causa do estado precário do proletariado e da ausência de condições econômicas para sua emancipação, condições que só poderiam ser produzidas pela época burguesa. A literatura revolucionária que acompanhou esses primeiros movimentos do proletariado possuía, necessariamente, um caráter reacionário, inculcando o asceticismo universal e um grosseiro igualitarismo.

Os sistemas socialistas e comunistas propriamente ditos, os de Saint-Simon, Fourier, Owen e outros, surgem no início do período já descrito da luta entre o proletariado e a burguesia (ver a parte 1, "Burgueses e proletários").

Os fundadores desses sistemas reconhecem os antagonismos de classe e a ação dos elementos destruidores na própria sociedade dominante. Mas o proletariado ainda em formação lhes parece uma classe sem qualquer iniciativa histórica ou qualquer movimento político independente.

Como o desenvolvimento dos antagonismos de classes acompanha o progresso da indústria, a situação econômica, no seu entender, não oferece as condições materiais necessárias à emancipação do proletariado. Por isso, eles procuram uma nova ciência social, novas leis sociais que criem tais condições.

Substituem a atividade histórica pela própria imaginação pessoal; as condições históricas da emancipação por condições fantásticas; e a organização espontânea e gradativa do proletariado em classes pela organização social pré-fabricada por eles. Em sua opinião, a história do futuro resume-se na propaganda e na realização prática de seus planos de organização social.

Na formação desses planos, se convencem de que estão cuidando sobretudo dos interesses da classe operária, a classe mais sofredora. Para eles, o proletariado só existe sob o prisma de classe mais sofredora.

O estado rudimentar da luta de classes e sua própria posição social levam os socialistas dessa categoria a se considerarem superiores a todos os antagonismos de classe. Querem melhorar a condição de todos os integrantes da sociedade, mesmo os mais favorecidos. Portanto, em geral, apelam indistintamente para todas as classes da sociedade, de preferência para a classe dominante. Pois como poderiam as pessoas deixar de reconhecer nesse sistema o melhor projeto possível para a melhor das sociedades possível?

Por conseguinte, eles rejeitam toda ação política e sobretudo toda ação revolucionária; procuram atingir seus objetivos por meios pacíficos e tentam abrir caminho ao novo evangelho social por experiências em pequena escala, necessariamente destinadas ao fracasso, e pela força do exemplo.

A descrição fantástica da sociedade futura, feita numa época em que o proletariado ainda se encontra em estado rudimentar e tem apenas uma concepção fantasista de sua própria posição, corresponde às primeiras aspirações instintivas dessa classe a uma transformação geral da sociedade.

Todavia, essas obras socialistas e comunistas também compreendem um elemento crítico. Atacam todos os princípios da sociedade vigente. Portanto, fornecem valioso material para o esclarecimento da classe operária. As medidas práticas que propõem — tais como supressão da distinção entre cidade e campo, abolição da família, das indústrias nas mãos de particulares, do sistema de salários, proclamação da harmonia social, transformação do Estado em mero administrador da produção — anunciam o desaparecimento dos antagonismos de classes que mal começam a despontar e que são encarados por tais obras de maneira indefinida e imprecisa. Por conseguinte, essas medidas possuem um caráter simplesmente utópico.

A importância do socialismo e do comunismo crítico-utópicos está na razão inversa do desenvolvimento histórico. À medida que se define e desenvolve a moderna luta de classes, o excessivo afã de ignorá-la e os ataques que lhe são feitos perdem todo valor prático e toda justificação teórica. Por isso, embora os fundadores desses sistemas fossem revolucionários em certos aspectos, seus discípulos formaram meras seitas reacionárias, pois se prendem às concepções de seus mestres, apesar do desenvolvimento histórico do proletariado. Procuram, de modo consistente, atenuar a luta de classes conciliando os antagonismos entre elas. Sonham com a realização experimental de suas utopias sociais, com *phalanstères* isolados, com a criação de colônias internas ou com o estabelecimento da *Pequena Icária*[8] — edições de bolso da Nova Jerusalém — para realizar tais castelos no ar, veem-se obrigados a apelar para os sentimentos e os cofres dos burgueses. Pouco a pouco, caem na categoria dos socialistas conservadores ou reacionários, já descrita, deles diferindo apenas por um pedantismo mais sistemático e uma fé fanática e supersticiosa nos efeitos miraculosos de sua ciência social.

Portanto, opõem-se a qualquer ação política da parte da classe operária; tal ação, segundo eles, só poderia vir de uma cega falta de fé no novo evangelho.

Os owenistas, na Inglaterra, e os fourieristas, na França, opõem-se aos cartistas e aos *réformistes*, respectivamente.

A POSIÇÃO DOS COMUNISTAS EM RELAÇÃO AOS VÁRIOS PARTIDOS DE OPOSIÇÃO

A parte 2 serviu para esclarecer as relações dos comunistas com os partidos operários existentes, como os cartistas, na Inglaterra, e os reformadores agrários, nos Estados Unidos.

Os comunistas lutam pelos interesses e objetivos imediatos da classe operária; mas, no movimento do presente, também representam seu futuro e dele se encarregam. Na França, os comunistas aliam-se aos social-democratas[9] contra a burguesia conservadora e radical, reservando-se o direito de assumir uma posição crítica em relação aos lugares-comuns e às falsas concepções legados pela Grande Revolução.

Na Suíça, apoiam os radicais, sem perder de vista o fato de que esse partido é formado por elementos antagônicos, parte democratas-socialistas, no sentido francês da palavra, parte burgueses radicais.

Na Polônia, apoiam o partido que defende uma revolução agrária como primeira condição para a emancipação nacional, entidade que fomentou a insurreição de Cracóvia, em 1846.

Na Alemanha, lutam ao lado da burguesia sempre que esta age revolucionariamente contra a monarquia absoluta, a hierarquia feudal e a pequena burguesia.

Mas o Partido Comunista nunca se esquece de despertar nos operários uma consciência nítida do antagonismo hostil entre a burguesia e o proletariado, para que os trabalhadores alemães usem de modo adequado, como armas contra a burguesia, as condições sociais necessariamente criadas pelo regime burguês, a fim de que, uma vez destruídas as classes reacionárias na Alemanha, possa ser travada a luta contra a própria burguesia.

Os comunistas concentram suas atenções na Alemanha porque este país se encontra às vésperas de uma revolução burguesa, a concretizar-se nas condições mais avançadas da civilização europeia, com um proletariado mais desenvolvido que o da Inglaterra no século XVII e o da França no século XVIII, e porque a revolução burguesa na Alemanha será o prelúdio imediato de uma revolução proletária.

Em suma, em toda parte os comunistas apoiam qualquer movimento revolucionário contra a ordem social e a política vigente.

Em todos esses movimentos, eles põem em primeiro lugar, como problema fundamental, a questão da propriedade, a despeito do grau de desenvolvimento alcançado na época.

Finalmente, em toda parte os comunistas trabalham pela união e o entendimento dos partidos democratas de todos os países.

Os comunistas não se rebaixam a dissimular suas ideias e seus objetivos. Declaram abertamente que seus fins só poderão ser alcançados pela derrubada radical das condições sociais existentes. Que tremam as classes dominantes diante da revolução comunista! Os proletários nada têm a perder senão seus grilhões. E têm um mundo todo a ganhar.

PROLETÁRIOS DE TODO O MUNDO, UNI-VOS!

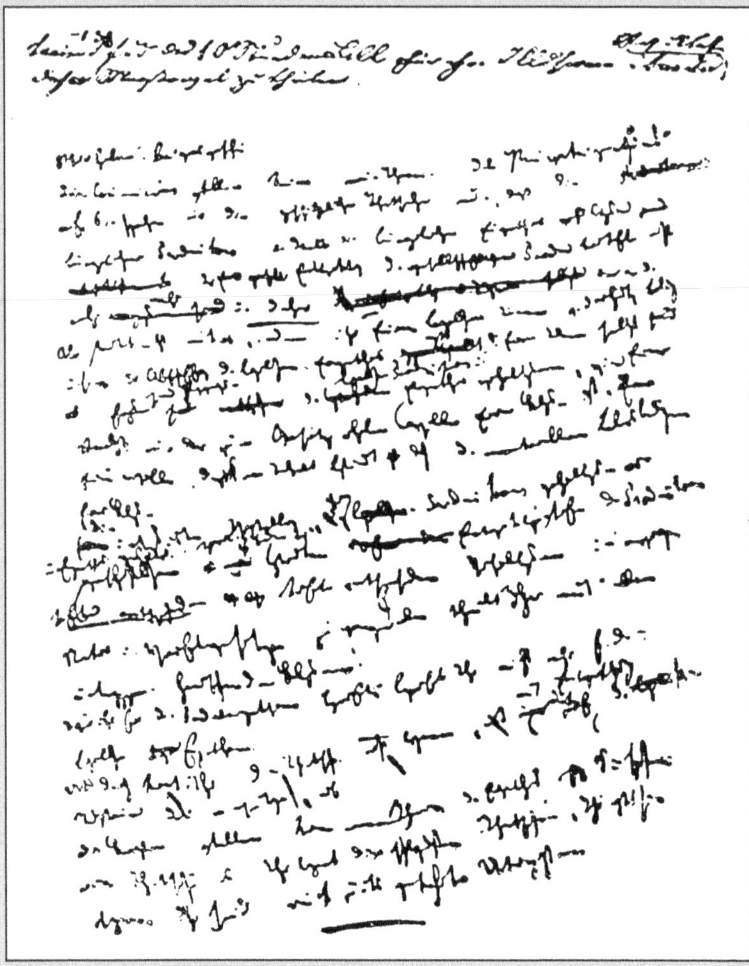

O primeiro rascunho do *Manifesto comunista*. Marx e Engels mantiveram o documento breve e vigoroso de propósito, pois não queriam que sua nova teoria política radical fosse "confinada a grandes tomos, exclusivamente para o mundo 'erudito'".

NOTAS

1. Por burguesia entende-se a classe dos capitalistas modernos, proprietários dos meios de produção social que empregam o trabalho assalariado. Por proletariado, a classe dos assalariados modernos que, não tendo meios próprios de produção, é obrigada a vender sua força de trabalho para sobreviver. (*Nota de F. Engels à edição inglesa de 1888.*)

2. Isto é, toda história *escrita*. A pré-história, a organização social anterior à história *escrita*, era desconhecida em 1847. Mais tarde, Haxthausen (August von, 1792-1866) descobriu a propriedade comum da terra na Rússia; Maurer (Georg Ludwig von) mostrou ter sido essa a base social da qual as tribos teutônicas derivaram historicamente e, pouco a pouco, verificou-se que a comunidade rural era a forma primitiva de sociedade, desde a Índia até a Irlanda. A organização interna dessa sociedade comunista primitiva foi desvendada, em sua forma típica, pela descoberta de Morgan (Lewis Henry, 1818-81) da verdadeira natureza da *gens* e de sua relação com a *tribo*. Após a dissolução dessas comunidades primitivas, a sociedade passou a dividir-se em classes distintas. Procurei traçar esse processo de dissolução na obra *A origem da família, da propriedade privada e do Estado*, 2ª ed., Stuttgart, 1866. (Nota *de F. Engels à edição inglesa de 1888.*)

3. O mestre de corporação é um integrante da guilda, o patrão interno, não um chefe da guilda. (*Nota de F. Engels à edição inglesa de 1888*).

4. Os habitantes das cidades da Itália e da França assim chamavam suas comunidades urbanas, depois de haverem comprado ou conquistado aos senhores feudais seus primeiros direitos a exercer um governo autônomo. (*Nota de F. Engels à edição alemã de 1890.*)

"Comuna" era o nome que se dava na França às cidades nascentes, mesmo antes de terem conquistado a autonomia local e os direitos políticos de Terceiro Estado. Em geral, a Inglaterra é o exemplo típico de desenvolvimento econômico da burguesia, enquanto a França, de seu desenvolvimento político. (*Nota de F. Engels à edição inglesa de 1888.*)

5. Não se trata da Restauração Inglesa de 1660 a 1689, mas da Restauração Francesa de 1814-1830. (*Nota de F. Engels à edição inglesa de 1888.*)

6. Isso se refere sobretudo à Alemanha, onde os latifundiários aristocratas cultivam por conta própria grande parte de suas terras com a ajuda de administradores e são, além disso, produtores de açúcar de beterraba e destiladores de aguardente. Os mais prósperos aristocratas britânicos se encontram, por enquanto, acima disso, mas também sabem como compensar a diminuição de suas rendas emprestando seus nomes aos fundadores de sociedades anônimas de reputação mais ou menos duvidosa. (*Nota de F. Engels à edição inglesa de 1888.*)

7. A tormenta revolucionária de 1848 varreu toda essa lastimável tendência e tirou de seus partidários o desejo de continuar chapinhando no socialismo. O representante principal e o tipo clássico dessa escola é o sr. Karl Grün. (*Nota de F. Engels à edição alemã de 1888.*)

8. "Colônias internas" (*home colonies*) era como Owen chamava as sociedades comunistas-modelo (*Acrescentado por F. Engels à edição alemã de 1890.*)

"*Phalanstères*" eram colônias socialistas projetadas por Charles Fourier; Icária era o nome dado por Cabet a seu país utópico e, mais tarde, à sua colônia comunista na América. (*Nota de F. Engels à edição inglesa de 1888.*)

9. Esse partido era representado no Parlamento por Ledru-Rollin; na literatura, por Louis Blanc (1811-82); na imprensa, pela "Réforme". O nome de social-democracia significava, para aqueles que o criaram, uma parte do Partido Democrata ou Republicano com tendências mais ou menos socialistas. (*Nota de F. Engels à edição inglesa de 1888.*)

O MANIFESTO COMUNISTA
IMPACTO IMEDIATO

"Nossa era, a era da democracia, passa por uma fratura", escreveu Engels, quase sem conter a satisfação ao ter notícia da primeira revolta francesa em 1848, no momento em que ele e Marx entregavam o texto à gráfica. Tudo o que fora dito pelo *Manifesto comunista* parecia estar acontecendo. No entanto, não se pode dizer que o livro tenha provocado os eventos. A rebelião irrompera antes que a tinta estivesse seca sobre as folhas de papel, e a primeira edição foi de apenas mil cópias — em alemão.

A versão original foi publicada provavelmente no dia 24 de fevereiro de 1848. A composição tipográfica ficou a cargo da Sociedade Cultural dos Trabalhadores, em Londres, e foi enviada às pressas para uma gráfica perto da Liverpool Street. Seus primeiros leitores foram imigrantes alemães — o documento fora publicado em série no *Deutsche Londoner Zeitung*, semanário liberal para alemães refugiados em Londres —, junto com um punhado de franceses, belgas e alguns membros do movimento cartista em Londres.

Nos meses seguintes, a obra circulou sobretudo entre os integrantes da Liga Comunista em Londres e Bruxe-

Esquerda: A Comuna de Paris de 1848, que surgiu após a revolução.

Direita: As barricadas na rua St. Martin, em Paris, feitas de carroças de madeira viradas: o símbolo inconfundível das insurreições revolucionárias em Paris foi copiado por muitas cidades importantes da Europa em 1848.

las. Todo o tom do discurso e a perspectiva do *Manifesto* tinham, voluntariamente, um caráter internacional. Para grande parte dos primeiros leitores, porém, é possível que, em sua essência, ele parecesse estar relacionado aos conflitos entre o comunismo definido por Marx e Engels e as crenças socialistas de outros grupos.

Apesar do entusiasmo da Liga Comunista com a chegada do *Manifesto*, a data da publicação significa que o documento nada fez para precipitar — nem teve influência alguma sobre — a Revolução de Fevereiro em Paris, que teve início alguns dias depois. Nem poderia ter tido algum efeito sobre as revoltas na Alemanha naquele ano. Acredita-se que a Alemanha não tenha tomado conhecimento do *Manifesto* até pelo menos maio — e talvez até junho — de 1848. Os motins tiveram início, em Berlim, no dia 15 de março.

A obra mais popular de Marx e Engels corria o risco de se tornar imediatamente ultrapassada. A "Santa Aliança", que recebera menção especial no primeiro parágrafo do livro, tinha nomes que já faziam parte do passado. O primeiro-ministro francês François Guizot foi demitido em 23 de fevereiro, o rei Luís Felipe abdicou no dia seguinte — depois que a Guarda Nacional se recusou a aplaudi-lo — e o chanceler austríaco Metternich renunciou três semanas depois.

Algumas cópias do *Manifesto* chegaram a Paris em março, assim como Marx e sua família. Ele fora expulso da Bélgica pela "revoltante indecência e crueldade" de

A revolução que teve início em Paris, em fevereiro de 1848, chegou à Alemanha semanas depois. Aqui, os cidadãos de Altenburg erguem barricadas com o objetivo de forçar o duque local a aceitar uma constituição liberal.

seus ataques ao governo belga em artigos escritos para o *Deutsche-Brusseler-Zeitung* — aqueles que o expulsavam nem sequer tinham visto as primeiras cópias do *Manifesto*. De qualquer forma, Marx já se preparava para deixar o país. Ele e seus camaradas se mudavam para um lugar em que houvesse ação.

Schapper, Bauer e Moll juntaram-se a Marx e Engels na capital francesa, e a sede da Liga Comunista foi rapidamente transferida para Paris — sob o disfarce de Organização dos Trabalhadores Alemães. Aprovaram uma proposta para usarem fitas vermelhas no paletó e foram direto ao assunto: planejar a revolução.

Marx e Engels estavam convencidos de que a revolta seguinte aconteceria na Alemanha. Precisavam de um imediato bombardeio de propaganda sob a forma de uma versão revisada do *Manifesto*. O fato de não existir na Alemanha proletariado em ascensão indicava que ali haveria uma revolução burguesa. As exigências do *Manifesto*, portanto, tinham de ser atenuadas, de modo a se tornarem mais palatáveis para a classe média alemã.

Assim, o documento chamado *Reivindicações do Partido Comunista na Alemanha* continha apenas quatro dos dez itens do *Manifesto* original, e incluía a ideia de se criarem um banco nacional e o imposto de renda progressivo, medidas que certamente agradariam à burguesia. Essas reivindicações apareceram em jornais de Berlim, Düsseldorf e na cidade natal de Marx, Trier.

O tópico seguinte do programa seria conscientizar o esquivo trabalhador alemão. Os integrantes da Liga Comunista já haviam dado início à tarefa, deixando Paris no final de março para disseminar suas ideias em suas cidades natais na Alemanha. Como escreveu um camarada: "A Liga se dissolveu; está por todos os lados e em lugar nenhum."

Marx foi a Colônia pela segunda vez, para produzir um jornal radical, com o intuito de incentivar a criação da mesma atmosfera revolucionária testemunhada na França. A *Nova Gazeta Renana* foi montada com o que sobrara da herança de sua mãe. Do quadro editorial faziam parte antigos membros da Liga, como Wilhelm Wolff, mas, na prática — nas palavras de Engels —, "era uma ditadura de Marx".

Os doze meses seguintes na Alemanha foram descritos por Marx como "o ano louco". Parece que ele se encontrava num estado de fúria violenta, enquanto o progresso da revolução refluía. Também tomava consciência do dilema que estava no âmago do *Manifesto*. O livro argumentava que os comunistas deveriam incentivar o proletariado a apoiar a burguesia "sempre que esta age revolucionariamente"; ao mesmo tempo, enfatizava o antagonismo natural que existia entre as duas classes. Era uma mensagem confusa.

De toda forma, nem o *Manifesto* nem os artigos da *Nova Gazeta Renana* poderiam ajudar a rebelião na Alemanha. As casas parlamentares da Alemanha e da Prússia — fundadas após os motins de março — já haviam se desintegrado em setembro, e teve início a contra-revolução. Depois de aparecer diante do juiz inúmeras vezes (durante as quais Marx costumava argumentar de forma tão brilhante que o júri o considerava inocente), as autoridades prussianas finalmente ordenaram que ele e a maioria dos membros de sua equipe fossem deportados. A última edição do jornal foi impressa em tinta vermelha com as seguintes palavras de adeus: "Emancipação da classe trabalhadora!".

Foi notável a ausência, em 1848, o ano das revoluções, de uma revolta do proletariado no coração do capitalismo: a Inglaterra. Marx escreveu no início de 1849: "A Inglaterra, país que faz de nações inteiras seus proletários. ... A Inglaterra parece ser a rocha contra a qual todas as ondas revolucionárias se rompem, o país em cujo útero se oculta a nova sociedade."

A primeira edição inglesa do *Manifesto comunista* só foi publicada em 1850. Não que a tradução fosse inspirar as classes trabalhadoras inglesas a se revoltarem, seguindo o exemplo dos países vizinhos. A famosa frase de abertura do *Manifesto* — "um terrível demônio se aproxima do país" — estava, na época, mais para irmãos Grimm que para um incentivo à rebelião. A tradução de Helen Macfarlane não fora substituída pela versão mais famosa, de Samuel Moore — "um espectro ronda a Europa" —, até 1888, cinco anos após a morte de Marx.

1848: um ano de revoluções

O período de 1848-49 representou "o ano louco" não só para Marx, mas para toda a Europa Ocidental. Por ironia, o manifesto revolucionário mais famoso do mundo foi publicado naquele mesmo ano, e, contudo, não influenciou as revoluções. Por coincidência, uma onda de rebeliões varria a França, a Alemanha e o Império Austríaco, muitas vezes sem qualquer comando ou controle. Havia grande dose de espontaneidade em muitas dessas revoltas.

O que levara ambos, proletariado e classe média, às ruas? Como ficara evidente na Revolução Francesa, eles pareciam querer coisas diferentes. Os trabalhadores desejavam pão e trabalho, a burguesia queria poder, sob a forma de voto.

Na primavera, a revolução já havia chegado a Viena, o coração do império dos Habsburgos, e pouco depois todos os monstros — inclusive o chanceler austríaco Metternich — cujos nomes aparecem no primeiro parágrafo do *Manifesto* haviam renunciado.

As colheitas fracas, em 1846 e 1847, e uma praga que deixara as batatas pretas — causando a famosa fome na Irlanda — fizeram com que os preços subissem. O número de pobres descontentes nas cidades crescia, incrementado pela crise da indústria: a grande máquina capitalista parecia estar vacilante, e a taxa de desemprego aumentava. Não só os alimentos estavam mais caros mas também era muito difícil achar emprego e salário para comprá-los.

"Você não consegue ouvi-las [as classes trabalhadoras] repetir incessantemente que todos os que se encontram acima delas são incapazes e não merecem governá-las?", perguntou o filósofo francês Alexis de Tocqueville em 1847. Os governos pareciam não ter vontade nem capacidade para responder às mudanças econômicas e sociais. A classe média desejava o direito de voto e um governo mais responsável, e também estava preparada para lutar nas ruas para que suas demandas fossem atendidas, muitas vezes usando os estudantes na linha de frente.

O primeiro país a oscilar foi o berço da revolução: a França. A burguesia liderou os motins de fevereiro em Paris, mas lutou ao lado da classe trabalhadora. A reivindicação do "direito ao trabalho" feita pelo proletariado fora apaziguada com a criação das Oficinas Nacionais, um programa que "criava empregos" em projetos públicos. A extinção dessas oficinas pelo governo antes de completarem quatro meses foi um sinal para que os pobres das cidades erguessem suas bandeiras vermelhas nas barricadas.

Todas as revoltas inspiradas na Revolução de Fevereiro em Paris seguiram o mesmo padrão. As multidões se juntavam e, animadas, ouviam as notícias sobre a revolução na França. O governo, temendo a desordem, convocava o exército, e discussões sem maiores consequências costumavam ocorrer entre o povo e a polícia. Era esse o cenário na Renânia (3 de março), em Viena (12 de março), Berlim (15 de março) e Milão (18 de março), com a maioria das revoluções ocorrendo em uma cidade de cada país. Entre fevereiro e junho daquele ano, Paris, Viena, Berlim, Praga, Budapeste, Roma e Milão presenciaram revoltas que derrubaram os governos ou os assustaram de tal forma que fizeram com que inventassem rapidamente uma reforma.

Luís Napoleão com o filho Eugène, após se proclamar imperador, com o título de Napoleão III. O fato de Luís Napoleão ter sido eleito depois que a revolução destronara o monarca francês Luís Felipe convenceu Marx de que a democracia não ia dar certo.

A tênue aliança entre burguesia e proletariado terminou na segunda revolução na França naquele ano — conhecida como "Sangrenta Insurreição de Junho". O movimento fora impiedosamente reprimido pelas tropas republicanas. Mais de mil pessoas foram mortas em três dias, outras milhares foram mandadas para a prisão ou para o exílio. O governo provisório criou então a Constituição da Segunda República e deu à França a oportunidade de eleger seu presidente por voto direto da população masculina — o primeiro país da Europa a atingir esse objetivo. O intuito era ao menos acalmar a classe média.

Mas quando a França votou em massa em Luís Napoleão (sobrinho de Napoleão Bonaparte) — cuja campanha explorava vergonhosamente as conexões familiares, ao declarar que seu nome era seu projeto —, Marx viu nisso uma evidência de que a democracia jamais poderia

O imperador francês Napoleão III (à direita, sentado em um barco): o grande vencedor da Revolução de 1848. Seu reinado terminaria duas décadas depois, com a guerra franco-prussiana e a Comuna de Paris, em 1871.

dar certo. A mensagem do *Manifesto* parecia se confirmar: os trabalhadores teriam de tomar o poder para que houvesse uma sociedade igualitária.

Os acontecimentos de 1848 foram o mais perto que Marx e Engels chegariam de testemunhar uma revolução — embora ela tivesse sido amadorística e efêmera. O resto da vida deles (com exceção de 1871) seria gasto no planejamento e na construção de uma aventura que jamais seria realizada. Mas, naquele ano, estiveram no centro do furacão.

Em doze meses estava tudo acabado. Em todos os lugares onde levantaram a cabeça acima das barricadas, os trabalhadores foram reprimidos impiedosamente. Na Áustria, o exército restabeleceu o poder do imperador, e as insurreições em Viena e Berlim ficaram sob controle. O rei da Prússia dissolvera o Congresso e constituíra um novo governo sob a autoridade do reacionário conde de Brandenburgo. Os monarcas da Europa tinham acabado de colocar suas coroas na cabeça, mas não as deixaram cair ao chão.

Na França, Luís Napoleão usou um *coup d'état* para se autoproclamar Napoleão III. Em Londres, uma grande manifestação a favor dos cartistas — e o medo dela fez com que o governo indicasse o idoso duque de Wellington para comandar a defesa da cidade — terminou pacificamente. Na Alemanha, qualquer esperança de que o *Manifesto* tivesse incentivado uma revolução burguesa não passara de sonho. "A burguesia não levantou um dedo; simplesmente permitiu que o povo lutasse por ela", reclamou Marx na *Nova Gazeta Renana*. O proletariado estava sozinho.

Outros fatores impediram que o sonho expresso no *Manifesto* virasse realidade: a ausência de uma liderança revolucionária coordenada e o medo da burguesia de que as coisas fossem longe demais também contribuíram para o resultado. Como disse o historiador inglês G.M. Trevelyan: "Mil oitocentos e quarenta e oito foi um ano de mudanças em que a história da Europa não mudou."

Declínio e queda: o colapso da Liga Comunista

Cansadas da ardente retórica de Marx, as autoridades fecharam a *Nova Gazeta Renana*, e ele e a família foram expulsos da Prússia. Voltaram para a França com passaportes falsos. Mas a esperança de manter viva a revolução com seu jornalismo logo evaporou — todos os jornais revolucionários haviam sido fechados com o despertar da reação monárquica. Soldados do governo abortaram rapidamente uma manifestação de massas em 13 de junho, prendendo os líderes e dispersando os manifestantes. Amotinados estrangeiros seriam os próximos na lista. Marx fora oficialmente exilado em Morbihan, região nos pântanos da Grã-Bretanha infestada pela malária — ele descreveu a sentença como uma "ameaça velada à minha vida". Depois de declarar que estava deixando a França, o passo seguinte seria achar algum país que o aceitasse. Alemanha e Bélgica não o queriam de volta, e até a Suíça recusou seu pedido de passaporte. Portanto, Marx teve de procurar refúgio na Inglaterra. Ele chegou a Dover no vapor *Cidade de Bolonha* no dia 27 de agosto de 1849, sob o nome "Charles Marx; profissão: médico", para iniciar o que chamaria de "longa e insone noite de exílio".

Enquanto isso, o coconspirador do *Manifesto* colocava as palavras do livro em prática. Engels se juntara a

Jenny von Westfalen, a sofredora esposa de Marx. A família estava sempre endividada, e a pobreza e a imundície na qual foram obrigados a viver, em Londres, acabou matando dois filhos do casal.

uma unidade militar de forças revolucionárias que lutavam no sudoeste da Alemanha para defender o governo provisório, mas, após quatro derrotas em quatro semanas, recolheu-se à Suíça para tratar os ferimentos. Marx escreveu ao "General" — apelido que dera ao amigo — que os dois precisavam se encontrar: "Em Londres, colocaremos mãos à obra."

Marx e Engels tinham a impressão otimista de que haveria outra insurreição revolucionária na Europa. A nova sede da Liga Comunista logo fora estabelecida nos escritórios londrinos da Sociedade Cultural dos Trabalhadores Alemães, palco da vitória da dupla no segundo congresso da Liga, em novembro de 1847. Apesar da tentativa de consolidar facções socialistas por toda a Europa, a Liga ainda era apenas mais um entre os inúmeros grupos políticos de uma diáspora revolucionária.

Marx foi eleito para o Comitê de Assistência aos Refugiados Alemães — sendo que uma das famílias mais carentes era a dele. Sua esposa, Jenny, deu à luz o quarto filho do casal logo depois de chegar à França, mas nos dois anos seguintes tanto essa criança quanto outra viriam a morrer, pois a família vivia em condições insalubres e miseráveis no apartamento da Dean Street. Um relatório feito por um espião prussiano naquele período confirmou que eles haviam vendido a maioria de seus pertences e que não possuíam "nem um móvel sequer".

O escritório da Liga na Great Windmill Street distraía Marx de sua difícil situação pessoal. Logo passou a cuidar dos assuntos da Liga. As intrigas e lutas pela supremacia eram as mesmas da época de Paris e Bruxelas. A programação cheia de atividades incluía discussões sobre o comunismo ao longo dos dois primeiros dias da semana e uma agenda um pouco mais leve aos sábados e domingos, com aulas de canto, dança e desenho. As noites de sábado eram dedicadas a "música, recitais e leitura de artigos jornalísticos interessantes".

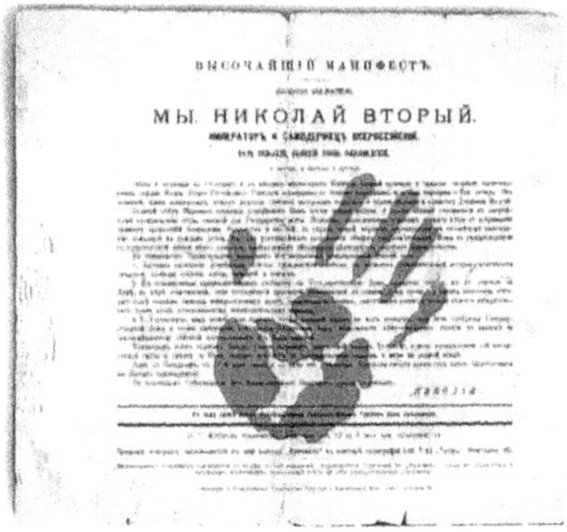

A marca de uma mão ensanguentada num pôster comunista russo. Este foi um dos primeiros símbolos do comunismo, bem sintomático da mudança de atitude de Marx e Engels com relação à violência — reconheceram que ela seria um componente crítico da revolução.

Alguns dos artigos mais curiosos da época podiam ser encontrados no novo periódico de Marx, *Revue*. Em um deles, Marx desafiou o veredicto amplamente adotado de que a insurreição na França, em 1848, havia falhado. Sua opinião era de que o sucesso teria sido um desastre, pois apenas com uma série de contratempos o partido revolucionário poderia aprimorar suas habilidades. "A revolução progrediu, tomou a dianteira, não por suas imediatas conquistas tragicômicas, mas pelo contrário: pela criação de uma contra-revolução poderosa e unida. A revolução morreu! — *Viva a revolução!*"

Boa parte da *Revue* dedicava-se a banais desafios e ataques a outros membros da pequena comunidade de refugiados alemães, aspectos que frequentemente caracterizavam a época em que Marx e Engels faziam parte da Liga Comunista. Essa forma de suicídio financeiro — atacar os únicos leitores em potencial da *Revue* — logo arruinou as chances do jornal e levou-o a pique depois de apenas cinco edições.

O sucesso da Liga dependia das perspectivas de um "ímpeto renovado de revolução", mas, à medida que o ano de 1850 passava, isso parecia cada vez menos provável. Como Engels escreveu em *História da Liga Comunista*: "A crise industrial de 1847, que abriu caminho para a

Revolução de 1848, estava superada; chegava um período novo e sem precedentes de prosperidade industrial; quem tinha olhos para ver e fez isso deve ter percebido com clareza que o vendaval revolucionário de 1848 gradualmente se esgotava."

No final, a Liga Comunista iria implodir de maneira dramática. Uma tumultuada reunião do Comitê Central, no dia 1º de setembro de 1850, resultou numa violenta divergência entre Marx e August Willich, um dos descontentes que desejavam novas ações revolucionárias. Willich (comandante militar de Engels e excelente atirador) desafiou Marx para um duelo, e este, sensato, recusou. O homem que substituiu Marx, Konrad Schramm, nunca havia usado uma pistola antes. Chegou a seus camaradas a notícia de que ele fora assassinado. Mas enquanto lamentavam a morte, Schramm entrou na sala com a cabeça enfaixada. Atingido de raspão por uma bala, desmaiara, e quando recobrou a consciência Willich já havia ido embora pensando que o adversário estivesse morto.

Schramm escapara vivo, mas a Liga Comunista de Londres não. Na última reunião, em 15 de setembro de 1850, Marx propusera que o Comitê Central fosse transferido para Colônia, já que o grupo de Londres parecia incapaz de trabalhar em conjunto. Infelizmente, os camaradas de Colônia tinham seus próprios problemas. Todos os onze integrantes do comitê estavam na prisão aguardando o julgamento por conspiração, e após um mês do "Julgamento comunista de Colônia" sete integrantes foram presos. A Liga não ia adiante, e ainda transcorreriam muitos anos até que Marx e Engels se juntassem a outra organização.

Em seu último discurso para a Liga Comunista, Marx alegou que durante 1848-49, seus associados haviam sido postos à prova "na imprensa, nas barricadas e nos campos de batalha". Porém, e talvez ainda mais importante para

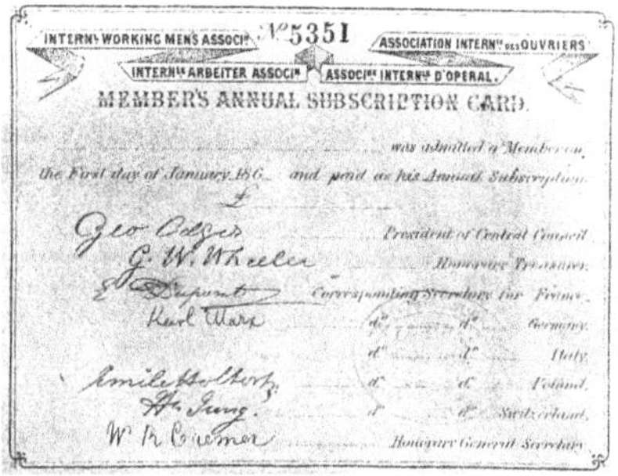

Carteira de sócio da Associação Internacional de Trabalhadores, formada no Covent Garden, em Londres, 1864, com Marx como conselheiro-geral. Na época do primeiro congresso europeu, a "Internacional" já tinha mais de vinte e cinco mil associados.

a história do mundo, o manifesto produzido pela Liga transmitira uma mensagem forte e inovadora, propagada até então apenas em segredo. Nas palavras de Marx, a mensagem "estava agora na boca de todos e ... era pregada abertamente no mercado".

Internacional e Comuna de Paris

Embora Marx tivesse uma visão otimista a respeito da sobrevivência do *Manifesto* na posteridade, Engels foi mais feliz em seu tom realista quando mais tarde escreveu que, naquele momento exato da história, o *Manifesto* parecia "destinado ao esquecimento".

Até Marx precisou admitir que, enquanto a Inglaterra passasse por uma época de prosperidade burguesa, "não era viável falar sobre uma revolução de verdade. ... Uma nova revolução só seria possível como consequência de uma nova crise". Armado de edições antigas do *Economist*, ele se refugiou na sala de leitura do Museu Britânico para se dedicar ao estudo da economia política, de modo a determinar a causa e as condições dessa crise esperada com avidez. Marx declarou que agarrara ansiosamente a oportunidade de "se recolher do olhar público e mergulhar nos estudos" e trabalhar no volume I de *O capital*, uma análise do processo de produção capitalista. Como o autor comentou com amargura: "Suponho que jamais alguém tenha escrito sobre 'dinheiro' quando está tão necessitado de tal coisa."

Durante dez anos os grupos socialistas da Grã-Bretanha pareciam estar em letargia, e só em 1860 o proletariado começaria a despertar do sono profundo. Segundo o historiador Eric Hobsbawm, esse despertar fora "um curioso amálgama de ações políticas e industriais ... que fora mais significativamente 'internacional' em duas frentes: ocorrera ao mesmo tempo em vários países" e "fora inseparável da solidariedade internacional das classes trabalhadoras".

No dia 28 de setembro de 1864, convocou-se uma reunião no St. Martin's Hall, em Covent Garden, para formar a Associação Internacional de Trabalhadores. Marx compareceu apenas como observador, mas no final da tarde havia sido eleito para o conselho geral. A organização não fracassou ao final de doze meses principalmente pelo seu trabalho. Uma enorme diversidade de pessoas com objetivos bastante divergentes e que não concordavam em quase nada fazia parte do conselho.

Marx estava doente e teve de ser arrastado do leito para impedir a nova profissão de fé da Internacional, "Comunicado à classe trabalhadora", de cair na banalidade e no discurso utópico. Ao comunicado faltavam as previsões revolucionárias e a retórica entusiasmada do *Manifesto comunista*. Como confessara a Engels: "Vai demorar algum tempo até que a restauração do movimento permita que aquela antiga linguagem audaciosa seja usada." Contudo, incluía estatísticas de *O capital* para sustentar a tese de que a "miséria da classe trabalhadora" era tão evidente em 1864 quanto havia sido em 1848. E o comunicado terminava com um brado familiar: "Operários de todo o mundo, uni-vos!".

A Internacional teve alguns sucessos na desestabilização da indústria britânica, e ostentava 25.173 sócios por

Napoleão III se entrega às tropas prussianas depois da derrota francesa e de sua própria captura na batalha de Sedan. Sua prisão deu início a uma série de acontecimentos que culminou na primeira revolução proletária da Europa.

ocasião do primeiro congresso europeu, em Genebra. No entanto, o momento mais importante da organização foi em 1871, quando o povo de Paris rebelou-se contra o governo nacional, responsabilizando-o pelo estado de sítio e pela fome durante a Guerra Franco-Prussiana. Tratava-se da famosa Comuna de Paris — não exatamente o resultado do *Manifesto comunista*, mas uma evidência, para seus autores, de que estavam no caminho certo.

A guerra que apressara a Comuna de Paris havia começado em julho do ano anterior. Teve início com a bem-sucedida tentativa do chanceler prussiano Bismarck de aguilhoar o imperador francês. Logo em seguida o exército francês entrou em colapso após uma série de batalhas, incluindo Sedan, em 2 de setembro de 1870, quando Napoleão III foi capturado junto com cem mil soldados. Dois dias depois, uma revolução sem derramamento de sangue em Paris destruiu o Segundo Império da França e estabeleceu um novo governo de defesa nacional.

Depois de mais uma derrota esmagadora da França em Metz, quando mais de cento e oitenta mil soldados se renderam, o novo governo francês se apressou em assinar um armistício em Versalhes, em janeiro de 1871. Porém, os cidadãos de Paris, que haviam resistido ao cerco prussiano por seis longos meses, ficaram furiosos com a capitulação. E quando o governo francês, preocupado com tal demonstração de rebeldia, tentou desarmar a

Napoleão III se encontra com o chanceler prussiano Otto von Bismarck. As tropas francesas e prussianas se uniram para tomar Paris de assalto e acabar com a Comuna em 1871. Mais de 30 mil partidários da Comuna foram assassinados no processo.

Guarda Nacional, os parisienses não aceitaram e tomaram o controle da cidade. As autoridades da Terceira República fugiram para Versalhes.

Um novo governo municipal — o primeiro governo da história que podia se declarar proletário — foi eleito em 26 de março de 1871. Dos oitenta e um integrantes, metade estivera envolvida com o movimento dos trabalhadores franceses, e a maioria pertencia à Internacional. Ninguém tinha experiência política, e a Comuna como um todo carecia de direção. Esse problema em particular era sério, já que teriam de enfrentar uma guerra para garantir a sobrevivência.

O que a Comuna tinha eram alguns planos de ação revolucionários que "tomaram o céu de assalto" — como Marx os chamou em *A guerra civil na França* —, inclusive com a separação entre Igreja e Estado e a apropriação de todos os bens da Igreja, abolição dos cursos de religião nas escolas, prorrogação do prazo de pagamento de dívidas e prescrição das taxas de juros sobre débitos (as últimas duas foram muito bem-vindas na casa de Marx, assim como uma outra, que proibia as casas de penhores de venderem bens como, por exemplo, as ferramentas de trabalhadores qualificados que haviam sido penhoradas durante a guerra).

Como alguém com impecáveis credenciais revolucionárias — Lênin — viria a afirmar mais tarde, a

Canhões defendem a então recente Comuna de Paris, em 1871. Os revoltosos acabaram dominados pelas tropas francesas e prussianas. Quando Marx escreveu seu comunicado ao povo de Paris, a revolução já havia terminado.

Comuna fora "o primeiro ensaio da história mundial de realizar uma revolução socialista por parte da classe trabalhadora, ... que pela primeira vez demonstrou seu poder com o intuito de libertar toda a sociedade do sistema escravocrata e assegurar sua própria emancipação política e social".

A coisa toda durou apenas setenta e dois dias — não obstante, foram dias "memoráveis", nas palavras de Lênin. Multidões ouviam um concerto no jardim das Tulherias no dia em que as tropas de Versalhes, apoiadas pelo exército prussiano, romperam a defesa da cidade. O exército abateu a tiros cerca de trinta mil membros da Comuna, muitos deles desarmados, perdendo apenas novecentos homens em batalhas nas barricadas.

Morreram muito mais homens na última semana de maio de 1871 — conhecida como *la semaine sanglante* ("a semana sangrenta") — que em qualquer batalha da Guerra Franco-Prussiana. Mais de cinquenta mil foram encarcerados, alguns foram deportados para a colônia penal francesa de Nova Caledônia, no Pacífico. Inúmeros morreram na prisão. Os que conseguiram escapar se exilaram na Suíça, Bélgica, Inglaterra ou em lugares ainda mais distantes. Quando Marx entregou sua comunicação ao povo de Paris — mais tarde publicada com o título *A guerra civil na França* —, em nome da Internacional, ela já havia se tornado um epitáfio.

A Comuna de Paris foi o melhor exemplo que os autores do *Manifesto* chegaram a testemunhar de que os preceitos do texto podiam ser postos em prática. Porém, boa parte da legislação social aprovada pela Comuna era reformista, e não revolucionária. Sindicatos e cooperativas de trabalhadores tinham permissão para reativar fábricas vazias, mas a sugestão de se apossarem de todas as fábricas fora rejeitada. Nem mesmo a Comuna de Paris estava preparada para levar o *Manifesto* a sério.

A emergência do marxismo

Em 1879, oito anos depois dos acontecimentos sangrentos em Paris, a filha mais velha da rainha Vitória — e esposa do futuro imperador da Alemanha, Friedrich Wilhelm — pediu ao político liberal e póstero secretário colonial sir Mountstuart Grant Duff informações a respeito de Marx. Ele convidou Marx para almoçar às quinze horas no Devonshire Club e depois escreveu um testemunho animado: "No geral, minha impressão de Marx, levando-se em consideração que a opinião dele é totalmente oposta à minha, foi bastante favorável, e eu adoraria reencontrá-lo." E acrescentou: "Não será ele quem virará o mundo de cabeça para baixo, quer queira, quer não." O coautor do *Manifesto* estava, então, na última década de sua vida, e tudo indicava que a estimativa de Grant Duff iria se concretizar. Da morte de Marx, em 1883, o *London Daily News* noticiou: "Ele viveu para ver fenecerem os aspectos de sua teoria que outrora aterrorizavam imperadores e chanceleres. ... Os operários ingleses não fazem a mínima questão de se identificar com esses preceitos."

No final do século, o capitalismo era claramente mais bem-sucedido nas nações industrializadas da Europa, ao contrário do que Marx havia prognosticado; as classes médias cresciam em vez de encolher; e o padrão de vida

se elevava. É perdoável o fato de terem depreciado Marx antes que existisse algo chamado marxismo.

Esquerda: Paris em chamas após a destruição da Comuna revolucionária, em 1871.

Direita: Tropas prussianas marcham nos Champs-Elysées, em Paris, depois que a cidade finalmente sucumbira, no final da Guerra Franco-Prussiana.

Os últimos anos de Marx foram deveras frustrantes para ele. As consequências imediatas da derrota da Comuna tornaram-se desastrosas para o movimento dos trabalhadores franceses, pois o que se seguiu foi um período de severa repressão. Paris permanecera durante cinco anos sob lei marcial, e a Internacional fora praticamente obrigada a encerrar suas atividades. Armada de novos poderes, a polícia prendeu ativistas políticos, que receberam pesadas penas. Naquele momento, os ativistas que haviam liderado o operariado francês já estavam mortos, presos ou exilados.

Tais fatos marcaram o início do lento declínio das energias de Marx. O último congresso da Internacional havia acontecido em 1869. Após a derrocada da Comuna, Marx convocou um congresso em Haia, onde, diante de tantos comunistas em visita à cidade, os lojistas cerraram as portas, e um jornal local aconselhou que mulheres e crianças não saíssem de casa. Ali, Marx forçou a mudança da sede da Internacional para Nova York. A mudança foi uma sentença de morte proposital para a organização, e era uma forma de conter as brigas internas entre os marxistas e os seguidores de seus antagonistas Pierre Proudhon e Mikhail Bakunin. A discussão mais famosa de Marx era com o influente anarquista Bakunin, que

A insígnia ilustrada do Sindicato dos Estivadores em Londres, pouco antes da grande greve dos estivadores de 1889. A greve terminou depois da intervenção do arcebispo católico de Westminster, mas foi o movimento mais grave do século na Inglaterra.

chegara a Londres em 1861, após um período encarcerado na Rússia, e tentara se apoderar da liderança da Internacional. A posteridade reconheceu Bakunin como aquele que previu o problema do autoritarismo no cerne do marxismo.

Marx começava a crer que a luta seria longa: "Você terá que passar por quinze, vinte, talvez até cinquenta anos de guerras civis e internacionais", comentou, "não apenas para as circunstâncias mudarem, como para vocês mesmos mudarem e se tornarem aptos a tomar o poder político."

Entretanto, de modo paradoxal, as ideias do *Manifesto comunista* finalmente começavam a criar raízes entre a nova geração de radicais que adotavam as análises de Marx e Engels. As ideias de ambos haviam amadurecido — não o suficiente para impedi-los de publicar às pressas uma edição em alemão na época da Comuna de Paris, mas o bastante para que escrevessem longos prefácios para as novas tiragens, com o intuito de adequar as palavras ao contexto vigente. O prefácio de Marx para a edição russa de 1882 — prevendo uma possível revolução na Rússia — foi seu último escrito publicado.

A grande greve dos transportes urbanos na cidade de Nova York. Muitas vezes, eram os anarquistas, rivais de Marx, que usavam com maior eficácia a estratégia da greve.

Já então os social-democratas alemães haviam conquistado doze cadeiras no Reichstag — "o proletariado nunca procedera com tal magnificência anteriormente", escreveu Engels — e apoiaram a convocação, por seus colegas belgas, de um segundo congresso socialista internacional naquele mesmo ano de 1881. Os camaradas se reuniram em Chur, cidadezinha suíça, e o resultado foi a criação da Segunda Internacional Socialista, com eleições contestadas e representantes reconhecidos.

Mas os debates continuaram, enquanto os seguidores de Bakunin — os anarquistas — insistiam em usar uma estratégia alternativa: uma arma chamada greve. Na década de 1880, eram os anarquistas que organizavam a campanha pela jornada de trabalho de oito horas nos Estados Unidos, e suas manifestações contavam com mais de cem mil trabalhadores. Em 1886, oito deles foram sentenciados à pena de morte em Chicago.

Tais batalhas internas dominaram os quatro primeiros congressos internacionais da Segunda Internacional, e em 1896 o líder social-democrata alemão Wilhelm Liebknecht e a filha de Marx, Eleanor Aveling, proibiram os anarquistas de se pronunciarem. A confusão ideológica era tamanha que, no final, foram os social-democratas alemães que se separaram dos marxistas "espartaquistas" pela atitude deles na Primeira Guerra Mundial.

Edições do *Manifesto* continuavam a causar agitação. "Neste momento, é sem dúvida o mais difundido, o produto mais internacional de toda a literatura socialista, o projeto comum a dezenas de milhões de trabalhadores de todos os países, desde a Sibéria até a Califórnia", escrevera Engels.

O MANIFESTO COMUNISTA

O LEGADO DO *MANIFESTO*

Marx morrera sem pátria nem testamento legal em 1883. Foi enterrado no cemitério de Highgate, em Londres, onde seu túmulo ainda é local de peregrinação para marxistas de todo o mundo. Sua enorme coleção de cartas e cadernos foi entregue a Engels para que completasse o trabalho de Marx. Por mais de uma década Engels lutou para finalizar *O capital*, antes de morrer de câncer, em 1895; suas cinzas foram espalhadas por Beachy Head, em Sussex. O terceiro e último volume de *O capital* só seria publicado em 1894, na Alemanha. Uma tradução pirata para o inglês foi lançada em Nova York e tornou-se logo best-seller, pois houve um mal-entendido em Wall Street quanto ao assunto abordado pelo livro.

O túmulo de Karl Marx no cemitério de Highgate, em Londres, onde foi enterrado em 1883, tornou-se logo um local de peregrinação para marxistas de todo o mundo. Por coincidência, bustos enormes e estátuas — maiores que o tamanho natural — atrairiam os marxistas desde então.

Durante grande parte de suas vidas, a esperança de que suas profecias se tornassem realidade — o que o *Manifesto* chama de "derrubada violenta das condições sociais existentes" — parecia remota. Mas apenas vinte e três anos após a morte de Engels, as ideias que ele e Marx expuseram ao mundo viram-se postas em prática. Foi o momento na história em que um punhado de jovens idealistas — duas gerações depois daqueles primeiros leitores do chamado às armas do *Manifesto* — de repente vira-

Esquerda: Um pôster da guerra civil russa, datado de 1920, pergunta: "Você já se alistou?"

Direita: Lênin fazendo um pronunciamento na Praça Vermelha, em Moscou, no primeiro aniversário da Revolução Russa, em outubro de 1918. É uma imagem clássica do primeiro revolucionário bem-sucedido do mundo.

ram líderes nacionais e transformaram o credo comunista em algo que Marx provavelmente não reconheceria.

Na Rússia, em 1900, um jovem revolucionário foi solto da prisão na Sibéria. Seu crime fora protestar contra o regime czarista da época. Vladimir Iliich Lênin — o sobrenome verdadeiro era Ulianov — não perdeu tempo e logo se estabeleceu no âmago do partido marxista russo. Fervoroso seguidor de Marx, Lênin acreditava que a ansiada revolução aconteceria na Rússia.

Além dos escritos de Marx, Lênin também fora influenciado pelo destino da Comuna de Paris. "A Comuna fracassou porque fez concessões e recuou", escreveu, e estava determinado a não fazer concessões a seus inimigos, atacando-os impiedosamente para impossibilitá-los de contra-atacar — caso conseguisse liderar com sucesso uma insurreição na Rússia.

Lênin e seu partido realmente fariam uma revolução na Rússia, em 1917. Fora a primeira revolução bem-sucedida em nome de Marx. Mas não havia um partido das massas proletárias como Marx e Engels tinham imaginado, e sim a agremiação de um pequeno grupo de revolucionários e intelectuais que preencheram o vazio criado pela abdicação do czar Nicolau II. Longe de colocar em prática os ideais do *Manifesto comunista*, Lênin exigia tal nível de crueldade na luta pela revolução, com guerra

Lênin presidindo uma das primeiras reuniões do Conselho Bolchevique do Comissariado do Povo, ou Sovnarkom, que contou com a presença de Trotsky. Nos anos de Lênin no governo, houve um desastroso aumento do controle central sobre o funcionamento do partido e da nação.

civil e crise econômica, que acabou tornando-se um tipo diferente de czar. Transformara-se num instrumento de poder absoluto e percebeu tarde demais como esse poder, nas mãos erradas, poderia se transformar num tipo de abuso.

A consequência imediata da Revolução Russa foi um período impetuoso. Os soldados tinham o direito de escolher seus comandantes, homens e mulheres eram tratados com igualdade e os comitês de trabalhadores assumiram os negócios. As terras tornaram-se propriedade pública e as várias nações que fariam parte da União Soviética tiveram, durante um breve período, o poder de decidir o seu próprio futuro. Aquela foi uma época de notável criatividade e de arrebatadora liberdade na arte, no design e na poesia — muitas vezes sob a influência do movimento modernista, com o uso de imagens impressionantes da industrialização em todos os veículos de comunicação.

A Revolução Russa foi um dos mais estranhos produtos do *Manifesto comunista*, já que os artistas do novo regime tentaram desenvolver uma cultura "puramente proletária". Uma bizarra "Sinfonia do trabalho" foi apresentada por trabalhadores e soldados de Baku em 1922, incluindo entre os instrumentos motores de avião, canhões e sirenes de fábricas. O poeta Andrei Gastev escreveu "Zumbido de fábrica, trilhos e cidade", que defendia "a ideia de subordinar as pessoas aos mecanismos e à mecanização do homem" — o novo regime aprovou a obra com tamanho entusiasmo que lhe deu o cargo de diretor do Instituto Central do Trabalho.

Lênin (esq.) e Stálin, em 1922, dois anos antes da morte do primeiro. Lênin chegou a desconfiar dos métodos violentos usados por Stálin, mas quando agiu já era tarde demais para evitar sua ascensão ao poder — cujas consequências seriam desastrosas.

Mas foi também uma época de crescente violência na zona rural, devastada pela fome. O quadro piorou quando o país entrou em guerra civil. No dia 30 de abril de 1918, quinhentas pessoas foram baleadas em São Petersburgo em represália a uma malograda tentativa de assassinar Lênin. "Apoiamos o terror organizado", declarou o chefe da polícia secreta Felix Dzerzhinsky. "O terror é uma necessidade em tempos de revolução."

Para espanto de seus seguidores, Lênin abandonara muitos dos preceitos originais do comunismo expressos no *Manifesto* logo que ele e seu partido se sentiram seguros no poder. Na primavera de 1921, impôs a Nova Política Econômica, numa tentativa de se opor aos efeitos conjuntos da Primeira Guerra Mundial e da guerra civil. Foi uma busca exacerbadamente ambiciosa de remodelar a economia, em questão de meses e não anos, adotando os preceitos do comunismo. Encorajavam-se os empreendimentos privados, era negado aos sindicatos o direito de opinar acerca da administração e incentivava-se o comércio com países capitalistas. Permitiram que os Estados Unidos ajudassem a aliviar a fome de dez milhões de russos.

Para evitar opositores, Lênin começou o primeiro do que viria a ser uma série longa e terrível de "expurgos", expulsando cento e trinta e seis mil membros do partido. Quando um derrame paralisou o lado direito de seu corpo, em dezembro de 1922, Lênin descobriu tarde demais o que o instrumento de poder criado por ele nas mãos de outro poderia significar. Em sua morte, em janeiro de 1924, um dos maiores espectros do século XX, Josef Stálin, estava à espreita.

Gerações depois da morte de Lênin, os russos ainda o reverenciam o suficiente para fazer fila, sob um frio glacial, a fim de visitar seu túmulo. A tumba permanece na Praça Vermelha, fato que envergonha os líderes da Rússia no século XXI.

A verdade sobre o regime que emergiu na União Soviética não é nada controversa — sob a autoridade do sucessor de Lênin, tornara-se, possivelmente, o regime mais tirânico de um século caracterizado por regimes tirânicos, com certeza rivalizando com a Alemanha nazista. Mas essa ainda é uma verdade incômoda, pois muitos entusiastas, na Europa Ocidental, inspirados nos ideais do *Manifesto comunista* foram levados a acreditar no contrário. No período entre as duas grandes guerras do século XX — ponto culminante intelectual do *Manifesto* —, muitos admiradores de centro-esquerda viajaram para Moscou e escreveram longos hinos de louvor ao novo sistema.

Socialistas de todo o mundo olharam para o primeiro projeto quinquenal de Stálin — que estabeleceu como objetivo um crescimento de 235,9% na produção industrial até o ano de 1928 — com orgulho e admiração. Era verdade que o impulso de industrialização e o rápido progresso na educação impressionavam. Contudo, escondido atrás da propaganda, o número de expurgos e assassinatos aumentava vertiginosamente, e a terrível fome entre os camponeses depois da coletivização das fazendas tomava proporções impensáveis: só na Ucrânia foram milhões de mortos.

Preparado para controlar a nova União Soviética após a morte de Lênin, Stálin adotou uma política que foi des-

Os sucessores de Lênin — Stálin, Rvkov, Kamenev e Zinoviev — em 1925; depois de alguns anos, restava apenas Stálin.

crita como "socialismo num só país". Era importante se afastar do internacionalismo do *Manifesto comunista*, cujo famoso decreto dizia que "trabalhadores não têm pátria". Homens como Léon Trotsky e seus aliados haviam acreditado que a revolução na Rússia estaria condenada se não se disseminasse por outros países da Europa Ocidental. Stálin percebeu que se tratava de um sonho impossível, ao menos naquele momento. Seu comunismo tinha fortes tintas nacionalistas — precisamente o oposto do que Marx e Engels pregavam. Porém, o patriotismo parecia servir de desculpa para a terrível provação que ele iria impor ao seu próprio país.

Até 1929, Stálin já ganhara o debate contra Nikolai Bukharin, com quem dividia a liderança, a respeito da nova forma de capitalismo entre camponeses que Lênin havia criado, permitindo a existência de pequenas fazendas e a propriedade privada. O plano de ação de Stálin era retirar os camponeses da zona rural e levá-los para as fábricas, além de destruir o poder dos camponeses mais abastados — os chamados *kulaks* —, ao obrigar que o padrão de pequenas fazendas por toda a Rússia mudasse para o novo sistema de coletivismo estatal.

A campanha foi um dos grandes desastres do século. Mais de cinco milhões de *kulaks* foram deportados para a Sibéria só no primeiro mês e um milhão e meio foi assassinado quando o exército retirou os camponeses de suas terras. Os camponeses revidaram, abatendo mais da metade de todo o gado existente na Rússia; porém, nos

Empregados das fábricas em Leningrado ouvem a notícia sobre o julgamento e a execução de Zinoviev, Kamenev e outras quatorze pessoas. Eles foram falsamente acusados de fazer planos contra Stálin e de assassinar Kirov.

cinco anos seguintes 70% dos *kulaks* foram obrigados a juntar-se às fazendas coletivas — antes disso milhões de pessoas já haviam morrido em decorrência da fome.

A cidade de Moscou dobrara de tamanho em apenas uma década, à medida que os camponeses se tornavam operários — embora ali também tivessem pouca liberdade. Sob a autoridade de Stálin, as greves passaram a ser vistas como "sabotagem" e, a partir de 1939, os empregados eram demitidos caso chegassem mais de vinte minutos atrasados ao trabalho.

Nesse meio-tempo, uma nova elite conhecida como *nomenklatura* começava a emergir sob a direção de Stálin. Tratava-se de um quadro de administradores que governavam, em teoria, em nome do proletariado, mas na prática eram agentes de um regime tirânico que só devia explicações a si mesmo. Governava com o medo, mas ele mesmo era governado pelo medo.

Após o assassinato de Sergei Kirov, em 1934 — o único homem que poderia suceder Stálin —, tiveram início os horrendos expurgos dentro do partido. O novo Comissariado do Povo para Assuntos Internos (ou NKVD) recolheu dezenas de milhares de associados do partido durante a noite; muitos nunca mais foram vistos. Os antigos rivais de Stálin foram levados a julgamento público e mortos a tiros. Vizinhos eram incitados a denunciar seus vizinhos; rumores, insinuações e equívocos administrativos condenaram milhões num

Stálin no auge do poder, como líder de guerra bem-sucedido, em 1946. Sua violência foi ignorada durante décadas por admiradores que tinha na Europa Ocidental, mas, após sua morte, a verdade acerca dos expurgos mortíferos foi revelada por seu sucessor.

mundo digno de Franz Kafka. De acordo com uma das várias estimativas diferentes, mais de três milhões e meio de pessoas foram enviadas para os campos de trabalho Gulag na Sibéria, e mais da metade morreu de frio e fome. Estima-se que mais um milhão e meio tenha sido executado de imediato. Em 1937, Stálin voltou a atenção para o exército. O número de oficiais expurgados chegou a trinta e cinco mil — na própria noite da guerra —, a maioria foi encarcerada ou executada. "Destruiremos todos os inimigos, sejam eles bolcheviques ou não, destruiremos seus parentes, suas famílias", declarou Stálin ao brindar à Revolução de Outubro. "Qualquer pessoa que, por seus atos e pensamentos — sim, seus pensamentos —, transgrida os limites impostos pelo Estado socialista será destruída por nós."

No ano seguinte, Stálin acabara com os expurgos ao "expurgar" os torturadores e os policiais do serviço secreto que os tornaram possíveis. A "associação na qual o livre desenvolvimento de cada um é a condição do livre desenvolvimento de todos" vaticinada por Marx e Engels no *Manifesto comunista* não emergira. Em vez disso, uma nova geração amedrontada e apática de burocratas surgira das ruínas da burguesia e iria — nas gerações seguintes — se conformar com a negligência e a moderada corrupção que pouco a pouco destruiria o comunismo russo.

O *Manifesto* além da Rússia soviética

Aqueles que haviam sido inspirados pelo *Manifesto* e pelos outros escritos de Marx estavam entusiasmados com o que acontecia na Rússia, fazendo vistas grossas à violência e à brutalidade oficial. Alguns dos maiores pensadores do mundo foram a Moscou, muitos se declararam empolgados com as conquistas soviéticas nos campos da alfabetização e da liberação feminina. Esperavam ver como o sonho de revolução internacional exposto por Marx e Engels se disseminaria. Não se disseminou. Houve momentos em que o coração dos fiéis se encheu de esperança, mas por alguma razão isso nunca chegou a acontecer.

O acontecimento mais próximo a uma revolta marxista em outro lugar da Europa deu-se na Alemanha, como resultado da derrota na Primeira Guerra Mundial, quando uma greve geral paralisou o país, em janeiro de 1919. "Ajam! Ajam com coragem, determinação e coerência", escrevera a leninista revolucionária Rosa Luxemburgo, ao mesmo tempo que denunciava a ideia de que haveria insurreições indisciplinadas e espontâneas. "Desarmem a contrarrevolução, armem as massas, ocupem todos os cargos de autoridade. Ajam rapidamente!"

Mas não foi suficiente. Os exércitos de soldados rasos sob o controle do ministro da Defesa retomaram as sedes da polícia em Berlim e reprimiram com brutalidade quaisquer outros ajuntamentos de pessoas que pudessem provocar revoltas. Nas eleições democráticas daquele mês — a primeira da Alemanha — o Partido Socialista Independente tivera apenas 7% dos votos.

Também em 1919, o Partido Comunista Russo lançou a Internacional Comunista, conhecida pelo nome de Comintern, para unir e coordenar os partidos comunistas que surgiam por toda a Europa. As malogradas revoluções que ocorreram algum tempo depois na Hungria e em Munique foram consideradas um fiasco e alimentaram a luta entre Stálin e Trotsky. Até a deflagração da Segunda Guerra Mundial, a política do Comintern oscilava entre os dois extremos. Às vezes refletia o plano de ação de Trotsky: juntar-se aos outros partidos socialistas para criar uma frente unida — e o modo como os comunistas alemães incluíram seus rivais social-democratas na mesma categoria dos nazistas pode ter ajudado Hitler a chegar ao poder. Outras vezes, representava o plano de ação de Stálin, de praticamente transformar o Comintern numa

A marcha por bônus dos veteranos da Primeira Guerra Mundial, que sitiou Washington em 1932, no auge da Grande Depressão. Nem mesmo o quase colapso do sistema bancário norte-americano causou a revolução prevista por Marx.

organização de fachada para restringir a diplomacia soviética. Esperava-se que os associados do Partido Comunista por todo o mundo se adaptassem a cada mudança de planos, inclusive ao famigerado pacto entre Hitler e Stálin, em 1939, pelo qual dividiam a Polônia.

Na França, a Frente Popular de Léon Blum passou a integrar o governo, e os comunistas participaram do governo republicano na Espanha — resistindo durante o cerco a Madri contra as forças fascistas do general Francisco Franco. Nos dois casos, foram meros figurantes, enquanto os partidos socialistas não revolucionários costumavam ser os protagonistas.

Na Grã-Bretanha, o pequeno Partido Comunista conseguira eleger um de seus membros para o Parlamento. As ideias do *Manifesto comunista* — propriedade estatal sobre as terras e a indústria, educação gratuita, imposto progressivo — foram adotadas com mais sucesso por partidos que haviam rejeitado o chamado à revolução de Marx. Em sua maioria, acreditavam na reforma social e na melhoria gradual por meio do sistema democrático vigente.

A greve geral de 1926 na Inglaterra lhes dera uma oportunidade, embora os revolucionários marxistas tenham logo sofrido a decepção de ver na imprensa reportagens que mostravam os grevistas jogando futebol com a polícia. A Grande Depressão que veio em seguida fornecera condições para uma possível revolução dos dois lados do Atlântico. Tanto a Marcha de Jarrow, na Inglaterra, quanto a marcha por bônus dos soldados veteranos que sofriam com a fome, em 1932, em Washington, Estados Unidos, incluíam comunistas que concordavam com todas as palavras do *Manifesto*. Mas os socialistas comuns, os reformadores sociais e os humanitários os superavam em quantidade. Os dois acontecimentos foram ignorados pelos governos dos dois países.

Revolucionários marxistas deram ao mundo alguns dos heróis de esquerda daquela época, como os americanos Joe Hill ("É preciso mais que balas para matar um homem; /Eu nunca morri, disse ele") e John Reed, autor de *Dez dias que abalaram o mundo*. Ou La Pasionaria (Dolores Ibarruri), a heroína da Guerra Civil Espanhola, que arrebanhou milhares de jovens de todo o mundo para lutar ao lado dos republicanos na década de 1930.

O jornalista John Reed, cujo livro sobre a Revolução Russa, *Dez dias que abalaram o mundo*, forneceu ao entusiasmado público mundial o mito da Revolução de Outubro.

Um deles foi o escritor e socialista inglês George Orwell, cuja experiência com a confusão e a amarga violência do comando comunista na Espanha — descrita no livro *Homenagem à Catalunha* — plantara as sementes da dúvida em sua mente. Orwell fez a crítica mais devastadora ao marxismo totalitário na prática nos romances *A revolução dos bichos* e *1984*, com seu retrato aterrorizante da vida sob a autoridade do Grande Irmão. Suas obras revelam o que acontece quando uma pessoa reclama para si o poder absoluto de governar em nome de outrem. Como comentário a respeito do *Manifesto comunista*, que considera o poder em nome do proletariado — e é vago sobre como isso poderia ser realizado —, os escritos de Orwell eram, e ainda são, avassaladores.

O *Manifesto* na China

Marx e Lênin nunca se conheceram e, provavelmente, concordariam em poucas coisas se o encontro tivesse acontecido. Uma área sobre a qual concordariam, po-

O retrato de Marx preside uma reunião de chineses comunistas durante a mítica Longa Marcha de Mao, que levou seus seguidores a uma exaustiva caminhada de dez mil quilômetros com o objetivo de se livrarem das garras de seus rivais, os nacionalistas.

rém, seria aquela que exercitara as mentes de Stálin e de seus rivais na Rússia. Nenhum dos dois acreditava que os camponeses poderiam ser o motor da revolução: para ambos, a mola propulsora seria o proletariado industrial. Os camponeses eram, no mínimo, irrelevantes; no máximo, eram um obstáculo para o progresso revolucionário. Na China, entretanto, Mao Tsé-tung provou que eles estavam errados.

Não havia um partido comunista oficial na China até o ano de 1921 — quando passou a ostentar cinquenta e sete associados. Nos primeiros anos de comunismo chinês, apenas um dos líderes do partido sabia alemão. Os outros tiveram de ler traduções do *Manifesto comunista* e de outros escritos de Marx — ou aprender a respeito deles em conferências. Não havia tradução de *O capital* para o chinês até os anos 1930, e não há indícios de que Mao tenha lido a obra.

Na verdade, Mao raramente citava Marx. "Há tantos argumentos no marxismo", escreveu ele. "Podemos resumi-los, numa análise final, numa só frase: se rebelar é algo justificável." Contudo, ele sabia o suficiente sobre Marx para perceber que divergia do *Manifesto* ao declarar que, na China, os camponeses eram a classe revolucionária. Como Lênin, Mao também incitava medidas extremas: "A revolução não é um jantarzinho para os amigos", escreveu. "Não é a mesma coisa que escrever um ensaio ou bordar. Não pode ser tão requintado, tão calmo e delicado, tão comedido, gentil, moderado e magnânimo. Para consertar algo que está errado, devemos ultrapassar os limites do que é 'correto'." Ao contrário de seus correlatos soviéticos, Mao nunca evitou ultrapassar esses limites da correção — o que explica sua famosa máxima de que o poder político "tem origem no cano de uma arma de fogo".

Mao Tsé-tung em 1944, guerreando em duas frentes: contra Chang Kai-shek e os nacionalistas e contra as tropas japonesas invasoras. Os japoneses se retiraram no ano seguinte, e os nacionalistas foram expulsos do continente cinco anos depois.

O comunismo chegou à China em 1949, não pela revolução, mas por meio da antiquada vitória militar. Mao e seu partido colocaram para fora os japoneses, que haviam invadido o território chinês em 1937, e, após muitos anos de guerra civil, despacharam seus rivais, os nacionalistas, governados por Chang Kai-shek, para Taiwan (Formosa).

Como Stálin, Mao começou se opondo à pequena nobreza proprietária de terras e aos camponeses mais abastados com uma série de processos exemplares, matando cerca de dois milhões deles e forçando os outros a suportar o que se tornaria conhecido como "reeducação", ou os piores campos "reformatórios". A propriedade privada foi proibida, e as empresas privadas — aquelas que haviam sobrevivido a duas décadas de guerra — foram nacionalizadas. Muitas das medidas iniciais de Mao resultaram no mesmo tipo de desastre que as de Stálin. Sua campanha chamada "Grande Salto Adiante", cujo sucesso dependia dos rígidos e prosaicos tiranos dos partidos locais, terminou numa desastrosa fome que levou cerca de vinte milhões de pessoas à morte.

Havia também uma tensão relativa a seus camaradas na Rússia. Mao e Nikita Khruschev, sucessor de Stálin, se odiavam mortalmente. Quando Khruschev condenou o

Acima: Guardas Vermelhos carregam um retrato de Mao, no ápice da Revolução Cultural.

Mais acima: Uma das obras mais editadas de todos os tempos: o *Livro vermelho*, escrito pelo presidente Mao.

stalinismo de forma irrevogável, em 1956, Mao foi pego de surpresa. No ano seguinte ele previu que o "vento do leste prevaleceria sobre o vento do oeste" — querendo com isso dizer que seu estilo de comunismo finalmente subjugaria o estilo russo. Os russos rejeitaram a ideia, alegando que essas palavras "não tinham nenhum teor marxista-leninista".

Mao passou para o segundo plano enquanto seu regime se estabelecia, na década de 1960, mas voltou à cena em 1966 com a extraordinária Revolução Cultural — sua resposta diante de uma espécie de corrupção preguiçosa na qual o comunismo soviético também havia caído. Esta era mais uma deturpação da ideia original de Marx e Engels e incluía Guardas Vermelhos disciplinados, cada um com seu "Livro vermelho" de comentários proferidos por Mao; os alunos intimidavam seus professores; as comunas tomavam o poder nas grandes cidades; e dezessete milhões de jovens da cidade foram mandados para trabalhar na zona rural.

Essa foi uma época de fanatismo que pode ter resultado na morte de cerca de quatrocentas mil pessoas, lideradas pelo "Grupo dos Quatro", que tinha como participante a atriz Chiang King, esposa de Mao. Quando ela finalmente foi presa, em 1976 (menos de um mês depois da morte de Mao), mais de um milhão de pessoas comemoraram, contando apenas as que foram às ruas em Xangai. Porém, a China foi herdada pelo astuto Teng Chao Ping, que conseguiu combinar brutalidade totalitária e pragmatismo em doses praticamente iguais.

Sob o governo de Teng, o regime apoiou-se nos detalhes do poder totalitário, que incluíam temíveis comitês de rua que funcionavam como olhos e ouvidos e mais de cem milhões de alto-falantes nas casas dos camponeses, com uma programação composta de música e informações. No dia 4 de junho de 1989 — no momento em que a Europa começava a se desembaraçar do comunismo —, ele deixou clara sua opinião quando dois mil e seiscentos manifestantes foram massacrados pelo exército na Praça da Paz Celestial, em Pequim.

Embora a economia da China, no século XXI, tenha se aberto ao comércio, e uma pequena parcela da população possa ter privilégios sem precedentes em qualquer outro local do mundo — apesar de isso não lembrar em nada o *Manifesto comunista* —, a China ainda é, nominalmente, um Estado comunista. Por enquanto.

Teng Chao Ping, sucessor de Mao. Sob o seu governo, a China manteve-se comunista e totalitária, mas admitiu o comércio com países estrangeiros de uma forma que teria horrorizado Marx, Lênin e Mao. O paradoxo perdura até hoje.

A Guerra Fria e os acontecimentos de 1989

Enquanto as tropas soviéticas avançavam cautelosamente pelos subúrbios da capital húngara, os três líderes em tempo de guerras, Churchill, Roosevelt e Stálin, davam os últimos retoques no acordo de Yalta, em fevereiro de 1945, que dividiria a Europa entre eles e abriria caminho para a dominação comunista da Europa Oriental depois que a guerra terminasse. Foi o encontro mais importante de uma série de reuniões de cúpula que começou em Casablanca (para a qual Stálin não fora convidado) e teve fim em Potsdam, terminando com um acordo que decretava a criação das Nações Unidas e declarava que os países ocupados deveriam ser livres e democráticos. Churchill ficou furioso porque Roosevelt e Stálin conseguiram manter relações tão boas à sua custa e pouco depois ficaria claro que a definição de Stálin para a palavra "livre" significava subordinar-se a Moscou.

Dessa forma, a grande divisão da Europa levou ao que seria a Guerra Fria, com a tomada do poder pelos partidos comunistas apoiados pelos russos — muitas vezes de modo brutal — em Varsóvia, Praga, Budapeste, Bucareste, Tirana e outras capitais do Bloco Oriental. Partidos não comunistas foram dissolvidos e os líderes

Esquerda: Húngaros prendem um membro da polícia secreta durante a insurreição contra o governo comunista, em 1956.

Direita: Soldados soviéticos acreditavam invadir a Tchecoslováquia, em 1968, para ajudar o povo. Rapidamente caíram em si ao ver que as multidões de manifestantes lhes suplicavam que voltassem para casa — sem obter sucesso.

potencialmente rivais foram liquidados (é quase certo que Jan Masaryk, da Tchecoslováquia, tenha sido jogado da janela de seu gabinete em 1948). Lúgubres fantoches stalinistas receberam as chaves do gabinete. Por duas vezes, os tanques soviéticos intervieram para reforçar sua autoridade — na Hungria, em 1956, e na Tchecoslováquia, em 1968 — em consequência de revoltas populares ou de aberturas políticas que ameaçaram derrubar a *nomenklatura* local ou suas ideias.

A revolução imaginada no *Manifesto comunista* deveria ser inevitável e permanente. Marx e Engels não tinham previsto tais eventualidades — e certamente não previram o crescimento extraordinário do Solidariedade, sindicato proletário claramente anticomunista da Polônia, na década de 1980.

Na Iugoslávia, onde as guerrilhas do marechal Tito efetivamente tomaram o controle do país sem a ajuda das tropas russas, outra versão do marxismo iria surgir. Pouco depois, Tito e Stálin fariam denúncias um contra o outro, e os ministros de Tito seriam incumbidos de ler Marx e esculpir uma abordagem diferente da de Moscou. O resultado foi "descentralização" (fábricas "pertencentes aos trabalhadores"), "desburocratização" e "autoadministração dos trabalhadores". Os iugoslavos também trouxeram de volta o princípio stalinista de fazendas coletivas. Tratava-se de uma forma mais humanizada e mais bem-sucedida de comunismo, que, entretanto, encobriu os virulentos nacionalismos rivais que fervilhavam sob a superfície da Iugoslávia.

Quando Stálin desafiou o Ocidente, ao fechar Berlim Ocidental para o mundo, em 1948, a cidade era abastecida diariamente por cerca de oito mil toneladas de artigos de primeira necessidade por via aérea para poder sobreviver. Passariam-se quatorze anos até que a Guerra Fria ganhasse seu símbolo máximo, o Muro de Berlim, que dividiria a cidade ao meio. A Cortina de Ferro — termo cunhado por Churchill — intensificou a desconfiança do Ocidente em relação ao comunismo, enquanto os dois lados se encaravam por sobre a fronteira que separava Ocidente e Oriente.

Naquele momento, já estava claro que — mesmo que antes isso nunca tenha sido verdade — as famosas primeiras linhas do *Manifesto comunista*, com a afirmativa de que "um espectro ronda a Europa" sob a forma de comunismo, finalmente haviam se tornado realidade. O problema era que em todos os lugares onde o comunismo se tornara um espectro genuíno, as autoridades (assim como durante a Comuna de Paris) dominavam com uma brutalidade irracional. E, caso não conseguissem evitar que os comunistas tomassem o poder, como fizeram em Portugal após a queda da ditadura militar no país, as multidões coléricas — a arma imaginada pelo *Manifesto* para apoiar a revolução comunista — certificavam-se de que eles não fariam progresso.

Em nenhum lugar isso era mais verdadeiro que na América. Na América Latina, os comunistas — e radicais de todas as espécies — foram brutalmente assassinados por regimes militares. Nos Estados Unidos, uma caça às bruxas contra uma ameaça comunista quase inexistente fora convocada com histeria pelo sinistro senador Joe McCarthy. Os Estados Unidos foram afetados pela Guerra Fria tanto pelo medo dos espiões soviéticos quanto pelo

Esquerda: Ho Chi Minh encilha uma mula, em 1945, preparando-se para enfrentar as autoridades da colônia francesa do Vietnã.

Direita: O líder da revolução de Cuba, Fidel Castro, em 1957, quando ainda lutava nas montanhas.

surgimento do líder da guerrilha marxista em Cuba, Fidel Castro — e pela frieza entre os dois vizinhos, que quase levou o mundo a uma destruição nuclear por causa da crise dos mísseis, em 1962.

Teóricos da Guerra Fria desenvolveram uma visão de mundo que concebia o comunismo como um bloco indivisível, planejando revoluções lentas em todos os lugares. Conhecida como teoria do dominó, trata-se da noção de que, quando um país caísse em mãos comunistas, o resultado seria um efeito em cascata por todo o mundo. Tal teoria foi usada para justificar praticamente todas as despesas e para apoiar qualquer ditador que parecesse forte o suficiente para resistir a elas. "Ele pode até ser um filho-da-mãe", supõe-se que o presidente Roosevelt tenha dito isso a respeito do ditador nicaraguense Anastasio Somoza, "mas ele é o nosso filho-da-mãe".

Embora, na realidade, os dois maiores jogadores do bloco comunista — Rússia e China — não confiassem nem um pouco um no outro, a urgência da teoria do dominó primeiro levou as tropas das Nações Unidas a entrar em ação durante a Guerra da Coreia, e, depois, as tropas norte-americanas e australianas a lutar contra os rebeldes comunistas no Vietnã do Norte. A tragédia da Guerra do Vietnã levou a uma horrível carnificina de ambos os lados, causando inclusive a terrível miséria

As tenebrosas consequências do regime totalitário: uma pilha de esqueletos numa escola abandonada do Camboja, legado do governo de Pol Pot.

de civis ao bombardear o Vietnã e o Camboja. O processo brutalizante deve ter contribuído para a ascensão de um dos regimes comunistas mais homicidas que já houve: o de Pol Pot, cujos fanáticos do Khmer Vermelho mataram pelo menos dois milhões de pessoas ao esvaziar cidades à força com o objetivo de "purificar" a população, levando-a para trabalhar no campo novamente. Foi uma total reversão do apoio de Marx e Engels ao proletariado industrial.

Na prática, a teoria do dominó estava errada, mas isso só ficou claro depois de algum tempo. Em meados da década de 1970, quando Vietnã, Camboja e Laos sucumbiram diante de regimes comunistas, o marxismo parecia incontrolável. O plano de ação dos antigos poderes imperialistas da Europa de entregar o império para líderes moderados pareceu ineficaz sob a pressão da Guerra Fria: o governo acabou nas mãos de déspotas perversos apoiados pelo Ocidente ou de marxistas perversos apoiados pelo Oriente.

Talvez não tenha sido necessário. Até Ho Chi Minh — a fanática inspiração por trás da revolução no Vietnã — trabalhou duro por uma aliança com os Estados Unidos no começo. Mas a ascensão de movimentos de guerrilha marxistas na África e na América Latina — sem

Encontro de Mikhail Gorbachev com Ronald Reagan na reunião de cúpula de Genebra em 1985, apenas cinco anos antes da queda do Muro de Berlim.

mencionar os cruéis generais marxista-leninistas que estavam no poder na Birmânia (hoje Mianmar) — não foi o suficiente nos anos 1980 para encobrir a extensão do fracasso nos lugares em que esteve mais tempo no poder. Na Rússia e em seus países-satélites da Europa Oriental, a vida tornava-se cada vez mais severa, já que as economias enfraqueciam e eram ineficazes, sufocadas pelo mercado negro. Além disso, não podiam ser reformadas, já que os sistemas não permitiam discordâncias. Conjuntos intricados de fiscalização estatal e traição se imiscuíram em todos os detalhes das vidas dos indivíduos: só no quartel da polícia secreta Stasi, em Berlim Oriental, havia duzentos quilômetros de arquivos.

A ascensão de Mikhail Gorbachev ao cargo de secretário-geral da União Soviética, em 1984, e a rápida reforma presidida por ele — seguida pela queda do Muro de Berlim, em 1989, e da maioria dos regimes declaradamente marxistas da Europa Oriental — marcaram o fim dos sonhos expressos por Marx e Engels cento e quarenta anos antes. É difícil imaginar a que conclusão chegariam se tivessem presenciado as revoltas populares que acabaram com a *nomenklatura* e as pessoas dançando sobre as ruínas do Muro.

O MANIFESTO COMUNISTA
O DESFECHO

O colapso do comunismo como modelo alternativo para o mundo no final dos anos 1980 não fora exatamente uma surpresa, mas também não poderia ter sido previsto com quinze anos de antecedência. A derrota na Guerra do Vietnã e a queda de Saigon representaram um grande estrago para os Estados Unidos em sua posição de líder dos governos anticomunistas do Ocidente — assim como a invasão soviética do Afeganistão, em 1979 — e durante certo tempo parecia se confirmar a teoria do dominó.

Esse também foi o caso da Europa, onde uma nova espécie de marxismo — conhecido como "eurocomunismo" e que procurava se distanciar dos excessos do governo stalinista — começava a se desenvolver, graças aos esforços de Santiago Carrillo, veterano da Guerra Civil Espanhola, cujo livro *Eurocomunismo e o Estado* fora publicado e influenciara muitas pessoas, em 1976. Carrillo e seus seguidores defendiam os direitos humanos e aceitavam que o setor privado continuasse a existir. Deixaram os marxistas puristas furiosos ao mostrar que as desigualdades não haviam desaparecido nem na União Soviética. O mais importante foi que, desafiando abertamente o arrebatador princípio revolucionário do

Em 1991, soldados rebeldes da Etiópia enfrentam as tropas do governo marxista de Mengistu Haile Mariam.

Manifesto comunista, eles concordaram em aceitar o veredicto dos eleitores caso fossem retirados do poder de forma democrática.

Durante certo tempo, parecia que o espectro descrito por Marx e Engels como "rondando a Europa" ainda a assombrava. Mas os partidos comunistas da Europa começaram a se dividir, e sua parcela de votos — que chegou a 34% na Itália — foi diminuindo. Mesmo os comunistas vitoriosos do Vietnã logo descobriram que, por trás da fachada construída pelo governo, a produção desmoronava, as colheitas de arroz escasseavam e as pessoas passavam fome. Logo começaram a perceber que milhares de pessoas arriscavam a vida cruzando o mar da China em botes para escapar do regime marxista.

Foi nos movimentos de guerrilha do Sudeste da Ásia, da África e da América Latina que os verdadeiros princípios do *Manifesto* sobreviveram. Com frequência, as insurreições armadas contavam com o apoio ou a intervenção militar de Cuba ou da Rússia, o que logo causou penosas guerras civis — como no Iêmen e na Etiópia —, que por sua vez resultaram na fome, em dívidas enormes e no declínio econômico de continentes inteiros. Às vezes elas eram deflagradas, antes de mais nada, pela temida repressão por parte de governantes militares fervorosamente anticomunistas.

O espectro de Marx trabalhava numa via de mão dupla. Tanto o medo causado por Marx e Engels quanto a

O líder do movimento de guerrilha maoísta no Peru, o Sendero Luminoso, apresenta-se à imprensa depois de ser capturado, em 1992. A violência estarrecedora das guerrilhas só se equiparava à das tropas do governo que a elas se opunham.

influência deles resultaram na contrarrebeldia — fundada pelos guerreiros da Guerra Fria no Ocidente — e foram a causa defendida pelos revolucionários marxistas. Esses contrarrebeldes apoiaram regimes militares brutais no Chile, Argentina, Brasil e Uruguai, assim como na África — com o uso secreto, embora vastamente difundido, da tortura e de esquadrões da morte —, e a derrubada do único presidente marxista eleito de forma democrática da América Latina: Salvador Allende, no Chile.

Em silêncio, e quase sem que o mundo percebesse, a verdadeira luta da Guerra Fria foi transferida para as populações mais pobres do mundo, pois estas representavam as esperanças e os medos de ambos os lados. Essas guerras miseráveis e a consequente repressão resultavam não só da publicação do *Manifesto comunista* há cento e vinte e cinco anos, mas de todo o contexto.

Este será lembrado como um período bárbaro da história. Na Nicarágua, os sandinistas marxista-leninistas obtiveram uma vitória temporária, até que foram obrigados a recuar pelos rebeldes armados e financiados pelos Estados Unidos. No Peru, as ferozes guerrilhas maoístas do Sendero Luminoso inspiraram uma campanha mordaz das forças do governo que excedeu os guerrilheiros em brutalidade. Tal padrão se repetia em todos os continentes, mas, por alguma razão, acontecia principalmente na África — onde a África do Sul, sob a política do *apartheid*, havia suprimido o Partido Comunista em 1950, cometendo o erro de desconsiderar seus opositores nacionalistas do ANC (Congresso Nacional Africano) como uma fachada para a organização comunista.

Por toda a África, a Guerra Fria levou ao poder déspotas comunistas e ditadores militares apoiados pelo Ocidente, cada lado espoliando um continente cuja esperança havia sido depositada na independência. Porém, o local onde os marxistas mais progrediram era controlado pelo governo europeu que durante muito tempo manteve-se fiel ao seu império: o português. Como consequência, os governos marxistas e as prolongadas guerras civis devastaram países como Moçambique, Angola e Guiné-Bissau, antes colônias de Portugal.

Quando as drásticas reformas de Mikhail Gorbachev prosperaram, e a libertação da Europa Oriental tornou-se realidade, enquanto a China tolerava certos aspectos do capitalismo, apenas alguns poucos baluartes, como Cuba, por exemplo, insistiram em nadar contra a corrente — e, sem o apoio soviético, seus recursos não foram suficientes para financiar a revolução global. Com o término da Guerra Fria, a máquina que sustentara tantas guerrilhas desapareceu, e foi possível intermediar acordos de paz e tranquilizar os sul-africanos a ponto de derrubar a política do *apartheid* e permitir que a população finalmente elegesse o ANC.

O fim do marxismo em ampla escala não só solapou os regimes totalitários comunistas restantes, como fez com que o mundo perdesse a paciência com os regimes totalitários não comunistas. Há uma estranha ironia no fato de que, nos locais onde a revolução comunista proposta por Marx e Engels não conseguiu libertar o proletariado, o fracasso da revolução tenha propiciado uma dose de libertação em alguns dos recantos mais desesperançados do mundo.

Já nos anos 1990, os únicos regimes remanescentes que declaravam governar segundo os preceitos do *Mani-*

festo formavam um grupo exótico e sem atrativos, do qual faziam parte o Zimbábue — sob a autoridade de Robert Mugabe e seu corrupto Estado de um partido só —, o Vietnã, o Camboja e a impenetrável Birmânia (Mianmar). O fato mais execrável foi a continuação do regime na Coreia do Norte — vista com desconfiança até pela China —, que se isolou do mundo e pareceu enfrentar uma fome crescente sob o governo de Kim Jong-Il, filho de Kim-Il Sung, que tomou o poder após a morte do pai, em 1994, como se fosse um monarca de outras eras.

Esquerda: Os presidentes, pai e filho, da Coreia do Norte, Kim-Il Sung e Kim Jong-Il, em 1995.

Direita: Marxistas remanescentes notáveis: o presidente do Zimbábue, Robert Mugabe, num comício de eleição, em 2000.

Era mais um indício, caso necessário, da forma peculiar pela qual os preceitos do *Manifesto* levaram não à revolução internacional, mas ao nacionalismo fervoroso. Entretanto, a prova final estava por perto, na figura de Slobodan Milosevic, cuja sucessão no cargo de presidente da Iugoslávia marxista logo se transmutaria num virulento nacionalismo sérvio. Seu governo chegou ao fim após uma violenta guerra civil e a posterior intervenção militar das tropas da Otan no Kosovo.

A sobrevivência do marxismo

Ao relembrarmos o século e meio de marxismo, fica evidente que os preceitos estabelecidos por Marx e Engels tornaram-se desacreditados. A imagem dos alemães do lado oriental dançando sobre as ruínas do Muro de

Em Belgrado, um retrato sujo de lama de Slobodan Milosevic, presidente da Iugoslávia, antes de ser expulso do poder. Por alguma razão, o marxismo na prática tendeu a se transformar em nacionalismo fervoroso.

Berlim, que os manteve reféns de uma ditadura marxista-leninista puritana, foi suficiente para dissipar qualquer ilusão da grande maioria do mundo. Agora fica fácil esquecer que, durante uma parte do século XX, aproximadamente quatro entre dez pessoas do planeta estavam sob a autoridade de governos que se declaravam marxistas.

É provável que Marx não reconhecesse em nenhum deles o tipo de sociedade que havia sugerido — o *Manifesto* era vago a respeito do que realmente desejavam após a revolução. De fato, Marx era exatamente a espécie de intelectual que constituiria uma das primeiras vítimas dos expurgos de Stálin.

A ironia contida em todo esse episódio da história mundial é que os seguidores dos preceitos do *Manifesto* mais bem-sucedidos — Lênin, Stálin e Mao — eram sérios estudiosos das políticas de poder e usaram as ideias de Marx como base racional de seus governos. Como vimos, esses governos exploravam tanto o nacionalismo quanto a ideologia marxista. Eric Hobsbawm, historiador marxista contemporâneo, argumenta que o marxismo nunca foi testado de verdade. Porém, o colapso do comunismo em todo o mundo — e os danos terríveis causados pela ideologia marxista nos países que tiveram a ousadia de tentá-lo — revela as falhas e contradições sérias no núcleo do *Manifesto comunista*.

Apesar disso, o espectro do comunismo ainda está vivo. E isso se deve, em parte, àqueles que têm a ideia fixa de mantê-lo vivo. Geralmente, os conservadores estão prontos para ajudar os extremistas do outro lado do poder, pois temem os comunistas. Para os que fazem parte da direita política e querem o poder para si — ou apenas vender armas para aqueles que querem tomar o poder; ou aprovar uma legislação restritiva —, faz todo sentido chamar a atenção para a ameaça marxista.

O marxismo também permaneceu vivo entre os estudiosos como uma crítica à alienação industrial. Marx e Engels perduram no debate acadêmico de uma forma que não perduraram na política: para os dois, que valorizavam mais a ação que o pensamento, isso teria sido desagradável.

A sobrevivência do *Manifesto*

O *Manifesto comunista* é um dos livros mais publicados no planeta. É possível que só não tenha sido mais impresso que a Bíblia e o Corão. É fato que havia quinhentos e quarenta e quatro edições em trinta e cinco línguas mesmo antes da Revolução Russa de 1917. Como o mais popular resumo do marxismo, ainda vende bastante em todo o mundo.

Apesar do colapso do marxismo, é possível ver o legado de Marx e Engels por todos os lados. Mesmo havendo poucos governos marxistas no poder, hoje é impossível olhar para qualquer canto da história moderna, da sociologia, da filosofia ou das artes sem reconhecer o rastro dos autores do *Manifesto*.

Deixando-se de lado, pois, as previsões que não se tornaram realidade e os vagos chamados à revolução violenta que infelizmente se tornaram, há uma crítica duradoura no âmago do *Manifesto* que ainda persiste. Foi Marx, afinal, quem primeiro viu a história humana como a história do poder que o dinheiro exerce sobre a humanidade.

Podemos ter certas restrições quanto à declaração do *Manifesto* de que a classe trabalhadora seria o instrumento que libertaria a humanidade do poder do dinheiro, mas ainda temos de levar a sério a outra afirmativa: de que o poder do capital alienou os seres humanos uns dos outros e de si próprios. É isso que faz com que o *Manifesto* continue importante, o que o filósofo Peter Singer chama de "uma visão dos seres humanos num estado de alienação".

Na verdade, a palavra "alienação" só aparece uma vez no *Manifesto*, mas é isso que significa. Segundo o *Manifesto*, a burguesia "fez da dignidade pessoal um simples valor de troca e, em nome das numerosas liberdades conquistadas, estabeleceu a implacável liberdade de comércio. Em suma, substituiu a exploração, encoberta pelas ilusões religiosas e políticas, pela exploração aberta, única, direta e brutal".

Pode-se até não concordar com essa crítica, mas ela é mais relevante e pertinente do que nunca — e também perturbadora. A sociedade moderna gosta de enfatizar como os capitalistas e a força de trabalho têm interesses em comum, afinal, ambos precisam de investimentos para conseguir empregos. Eles preferem evitar a afirmativa de Marx segundo a qual os dois lados são fundamentalmente opostos, e de que a força de trabalho será, na verdade, o instrumento que derrubará todo o sistema.

Também é verdade que, se olharmos para as nações desenvolvidas, com suas séries de leis trabalhistas, a afirmativa do *Manifesto* de que o capital paga aos trabalhadores só o suficiente para mantê-los vivos parece ridícula. Um século atrás, Henry Ford compreendeu que precisava pagar o suficiente para que sua força de trabalho pudesse consumir os produtos que criava. Uma olhadela em algumas das consequências da globalização — a exploração sofrida pelos trabalhadores na Nicarágua e em Bangladesh, que ganham salários de fome —, contudo, torna a declaração imensamente importante. Cento e cinquenta anos após Marx e Engels ainda é possível encontrar pessoas que trabalham seis dias por semana, dez horas por dia, que confeccionam roupas para companhias globalizadas, costurando pares de jeans pelo preço de vinte centavos o par (incluindo os salários), que, nos Estados Unidos, serão vendidos no varejo por trinta dólares.

As ideias do *Manifesto* acerca da história também permanecem relevantes. No funeral de Marx — ao qual

Empregados confeccionando sapatos em uma fábrica em Zhongshan, China. A transferência das manufaturas de grandes multinacionais ocidentais para o exterior fez das mulheres que trabalham nessas fábricas o novo proletariado.

apenas onze pessoas compareceram, num canto obscuro do cemitério de Highgate, em Londres —, Engels descreveu a realização do amigo como a descoberta de uma lei científica da história humana que poderia ser comparada à ruptura de Darwin no campo da biologia. Trata-se da ideia de que a história de alguma forma seguira seu próprio curso calmo ao longo dos séculos, enquanto ignorava a peça principal da engrenagem. "A história foi, pela primeira vez, assentada sobre suas bases reais", escreveu Engels anos mais tarde, "o fato palpável, mas até então esquecido, de que o homem precisa antes de tudo comer, beber, ter teto e vestimentas, o que significa que deve *trabalhar* antes de lutar pela dominação, se envolver com a política, a religião, a filosofia etc. — esse fato palpável ao menos passou a fazer parte de seus direitos históricos."

Antes de Marx, a história era constituída de heróis, reis, princesas e magnatas. Depois de Marx, as pessoas que tornavam a vida dessas figuras possível ocuparam as devidas posições. Pela primeira vez, a história tornou-se tridimensional.

Entretanto, o *Manifesto* vai longe demais, mesmo na primeira frase: "A história de toda sociedade existente até hoje tem sido a história das lutas de classes." Não há dúvidas de que o insight deu aos historiadores um instrumento poderoso para examinar os deslocamentos tectônicos do progresso humano e a ascensão e queda das civilizações. Porém, nenhuma interpretação que seja tão simples assim pode fazer justiça à enorme complexidade dos seres humanos. A religião e a moralidade ainda são motores críticos do desenvolvimento humano. O feudalismo tinha tanto a ver com as necessidades militares quanto com as materiais.

Em outras palavras, às vezes nosso comportamento não pode ser totalmente compreendido em função das lutas de classes — não mais do que poderia ser entendido completamente se analisado segundo as ideias de Darwin ou de Freud. De quando em quando, os seres humanos tornam-se superiores a qualquer ideologia que os tente decifrar — e se ouvirmos com atenção, as vozes da história confirmarão tal experiência, uma vez que tiremos nossos óculos basicamente marxistas.

Nos últimos anos de sua vida, Marx afirmava que essa abordagem ideológica da história era uma distorção do que ele realmente tinha dito. Queria apenas enfatizar as motivações econômicas da história, e não argumentar que elas eram o único fator determinante. "Eu só sei que não sou um marxista", disse a Engels um Marx eternamente irascível.

Pode até ser, mas ler o *Manifesto* hoje torna claro que as previsões feitas por ele a respeito da história (baseadas em pouco mais que um palpite) — de que a ascensão da burguesia estava fadada a ser seguida por uma ditadura do proletariado — aparentemente foram refutadas várias vezes pelos acontecimentos reais.

Marx falava do comunismo como "a solução para o enigma da história". Na verdade, ele não solucionou o enigma da história. Ninguém fez isso. E a visão dominante é de que não há nela significação alguma — mas ele expôs, sim, o enigma com mais clareza, e por isso recebe as devidas honras.

Isso não teria sido o suficiente para Marx, pois ele achava a ação mais importante que a filosofia — o número de vezes que as palavras "ação" e "reação" aparecem no *Manifesto* é uma boa prova disso. Uma das teses do filósofo Ludwig Feuerbach, que teve grande influência sobre Marx na época em que ele desenvolvia suas ideias, está gravada em seu túmulo: "Os filósofos apenas têm interpretado o mundo de maneiras diferentes; a questão, porém, é transformá-lo." Marx mudou o mundo, mas não da forma que esperava ou pretendia. Não houve a culminação da história, mas suas interpretações e as questões suscitadas por elas ainda estão vivas.

Novas influências

No final do século XX e no começo do XXI, algumas das ideias do *Manifesto* adquiriram novas dimensões no campo político.

Marx não era um ambientalista. O *Manifesto* presume que a Terra é infinita, e a produtividade, interminável. Não lhe interessavam os limites do planeta, só os limites da maneira como a economia burguesa os distribuía. Contudo, a noção de que o dinheiro aliena os seres humanos é um aspecto poderoso da crítica "verde" moderna em todo o mundo, cujo argumento é de que há coisas mais relevantes. O conceito de crescimento econômico — medindo o sucesso de acordo com o valor do dinheiro vigente numa determinada economia nacional — não foi inventado na época de Marx, mas podemos ver os ecos de seus escritos nas críticas modernas a essa concepção. A vida não se resume ao dinheiro, dizem aqueles que fazem campanhas antiglobalização: há muitos aspectos da vida que simplesmente não podem ser contemplados pelo aspecto monetário.

Da mesma forma, a ascensão do comércio justo e do investimento ético, as marcas registradas como "éticas" em supermercados por todo o Ocidente, são de certa forma uma antítese do marxismo — o *Manifesto* reserva uma condenação especial para o que Marx chamou de "socialismo utópico" de Robert Owen e outros. Ele diria que essas coisas apenas mantêm a ordem existente, para salvar a sociedade da revolução, e não para apressá-la. Mas são também um sintoma da análise de Marx e Engels — de que as relações humanas podem, e devem, ir além do dinheiro.

Estamos em estado de alienação porque somos controlados por um sistema monetário que parece escapar ao poder de alguém, disse o *Manifesto*. Esquecemos que isso é um produto da espécie humana. Mas a mesma ideia emerge em alguns projetos para o governo, até nos provenientes de partidos conservadores, defendendo a família e a comunidade contra os danos do mercado.

Assim como Marx não era um ambientalista, também não era idealista — como os odiados "socialistas utópicos" que tinham planos para melhorar as condições de trabalho. Mas as ideias de Marx emergem um século e meio depois no ideal de separar o trabalho do dinheiro, para que as pessoas possam trabalhar não porque não ousam parar e morrer de fome, mas sim porque amam seus trabalhos — nas palavras de Marx, para que o trabalho pudesse ser "não apenas um meio de sobrevivência, mas um desejo vital primordial". Por esse motivo ele estava apto a prever de forma tão idealista no *Manifesto* que o Estado deixaria de existir sob o regime comunista e seria substituído pelo que chamou de "uma associação na qual o livre desenvolvimento de cada um é a condição do livre desenvolvimento de todos". Idealista e, como a história viria a provar, terrivelmente errada.

Todavia, quando os manifestantes modernos fazem objeções à forma como o modelo de propriedade individual — desde os documentos do povo até a propriedade intelectual sobre os genes — está expulsando as pessoas de modos antigos de se entender a propriedade, estão refletindo um pouco do idealismo do *Manifesto*. Quando

Protestos contra a globalização em Paris, 2003. As campanhas antiglobalização espelham algumas das críticas de Marx e Engels acerca do poder do dinheiro sobre a vida — embora não seja a solução preferida por eles hoje.

suspiram e relembram o modo como as sociedades feudais eram mais capazes de ter propriedades em comunhão (quer fosse o campo onde o gado pastava, o forno público ou o touro público), estão, de certa forma, reproduzindo a crítica de Marx.

Quando descreveu o capital "pingando dos pés à cabeça, saindo por todos os poros, com sangue e sujeira", Marx estava falando do trabalho infantil, das indústrias de pequeno porte propositadamente em ruínas, da destruição da propriedade pública e do desemprego de antigos proprietários de pequenas fazendas, forçados a trabalhar em fábricas urbanas para sobreviver. Quando falou a respeito das inevitáveis fusões do capitalismo corporativo, da tendência das economias modernas a minar a competição, permitindo a união das empresas em empreendimentos cada vez mais monopolizadores, essa previsão obviamente é constatável cento e cinquenta anos depois.

Marx também errou bastante. A profecia de que o capitalismo iria sucumbir às próprias contradições internas não virou realidade — embora tenha tido momentos de instabilidade. Errou também ao afirmar que o sistema sempre empurraria os salários para baixo e que precisaria de exércitos de pobres desempregados para obter sucesso. Mas o golpe básico de sua crítica à economia industrial ainda é usado atualmente: quando os manifestantes antiglobalização utilizam argumentos sobre as contradições

Marxistas à moda antiga numa assembleia em Bruxelas, 2001, usando a conhecida imagem de Che Guevara, que participou da revolução marxista em Cuba.

básicas do poder corporativo global, se referem a um caminho que foi apresentado pela primeira vez no *Manifesto comunista*. Quando os políticos da era moderna — sejam eles liberais ou defensores do meio ambiente, socialistas ou conservadores — reclamam que o capitalismo é destrutivo, nocivo às relações humanas, incontrolável, estão repetindo as opiniões de Marx e Engels. Depois de um século de observação dos governos marxistas em busca de um sistema melhor, é mais provável que eles não sigam a rota alternativa enaltecida pelo *Manifesto*.

O problema central é que, se há necessidade de obrigar o povo a agir pelo bem coletivo, em vez de somente pelo bem individual, os defeitos do *Manifesto* tornam-se evidentes. A coação demonstrou que o marxismo na prática apenas substitui uma classe dominante por outra; demonstrou que a alienação que Marx desejava destruir continua potente, como sempre.

Nada disso significa, como alguns críticos já disseram sobre o *Manifesto*, que devemos simplesmente aceitar uma sociedade que abarca uma forma brutal e egoísta de individualismo, pois a crítica de Marx e Engels a essa espécie de alienação ainda é verdadeira. Porém, cento e cinquenta anos depois, a vaga solução revolucionária proposta por eles, com sua fatal alusão à violência, ainda desperta nossa desconfiança.

MANIFESTO

O MANIFESTO COMUNISTA
LEITURAS E WEBSITES RECOMENDADOS

Livros

BERLIN, Isaiah. *Karl Marx: His Life and Environment*. Oxford e Nova York, Oxford, 1996.

HUNLEY, J.D. *The Life and Achievements of Friedrich Engels*. New Haven, Yale, 1991.

McLELLAN, David. *The Young Hegelians and Karl Marx*. Aldershot, Ashgate, 1993.

PIPES, Richard. *O comunismo*. Rio de Janeiro, Objetiva, 2002.

SCRIBNER, Charity. *Requiem for Communism*. Cambridge, MIT, 2003.

SEGAL, Boris M. *Karl Marx: The Apostle of Hate and The Marxist Legacy*. Bloomington, 1st Books Library, 2003.

SERVICE, Robert. *Russia: Experiment with a People*. Cambridge, Harvard, 2003.

TUCKER, Robert C. (org.). *The Marx-Engels Reader*. Nova York, W.W. Norton & Company, 1978.

WHEEN, Francis. *Karl Marx: A Life*. Nova York, W.W. Norton & Company, 2000.

WOLFF, Jonathan. *Why Read Marx Today?*. Oxford e Nova York, Oxford, 2003.

Websites

Página sobre marxismo da Australian National University:
www.anu.edu.au/polsci/marx/marx.html

Em defesa do marxismo:
www.marxist.com

Fórum de literatura sobre Karl Marx:
www.topicsites.com/communist

Arquivo Marx/Engels na internet:
www.ex.ac.uk/Projects/meia

Lista de discussão por e-mail sobre marxismo:
www.marxmail.org

Arquivo de marxistas na internet:
www.marxists.org

O MANIFESTO COMUNISTA

CRÉDITOS DAS ILUSTRAÇÕES

O autor e o editor agradecem a permissão de reproduzir as seguintes ilustrações:

Cameron Collection: p.10 (esquerda), 14 (esquerda), 15, 16, 90.

Corbis: p.9, 12, Archivo Iconografico; 14 (direita), Gianni Diagli Orti; 18, Robert Holmes; 19, Archivo Iconografico; 23, E.O. Hoppe; 86, 89 (direita), Gianni Diagli Orti; 93, Robert Estall; 111, 112, Michael Freeman; 114, J.A. Giodano; 115, Balaguer Alejandro/Sygma; 121, Michael S. Yamashita; 125, Antoine Serra/In Visu; 126, Antoine Serra.

Corbis Bettmann Archive: p.102, 105, 106 (acima), 107, 108 (direita), 110 (direita).

Corbis/Hulton-Deutsch Collection: p.17(direita), 17 (esquerda), 77, 78, 85, 89 (direita), 95, 97, 99, 108 (esquerda), 110 (esquerda).

Library of Congress Prints and Photographs Division: p.24, 73, 76, 87, 94 (direita), 96, 98, 100.

O MANIFESTO COMUNISTA

ÍNDICE REMISSIVO

1ª EDIÇÃO [2006]

ESTA OBRA FOI COMPOSTA POR MARI TABOADA EM MINION E SWISS
E IMPRESSA PELA UMLIVRO EM PROCESSO DE IMPRESSÃO SOB
DEMANDA SOBRE PAPEL OFFSET DA SUZANO S.A. PARA
A EDITORA SCHWARCZ A PARTIR DE MAIO DE 2020

FSC
www.fsc.org
MISTO
Papel produzido
a partir de
fontes responsáveis
FSC® C128038

A marca FSC® é a garantia de que a madeira utilizada na fabricação do papel deste livro provém de florestas que foram gerenciadas de maneira ambientalmente correta, socialmente justa e economicamente viável, além de outras fontes de origem controlada.